从学徒工到中国科学院院士
——计亮年传

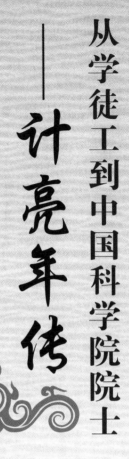

冯双 ◎ 主编

·广州·

版权所有　翻印必究

图书在版编目（CIP）数据

从学徒工到中国科学院院士：计亮年传/冯双主编. —广州：中山大学出版社，2021.12

ISBN 978-7-306-07119-4

Ⅰ.①从… Ⅱ.①冯… Ⅲ.①计亮年—传记 Ⅳ.①K826.13

中国版本图书馆 CIP 数据核字（2021）第 224106 号

CONG XUETUGONG DAO ZHONGGUO KEXUEYUAN YUANSHI—JI LIANGNIAN ZHUAN

出 版 人：	王天琪
策划编辑：	吕肖剑
责任编辑：	吕肖剑
封面设计：	曾　斌
责任校对：	李昭莹
责任技编：	靳晓虹
出版发行：	中山大学出版社
电　　话：	编辑部 020-84110283，84113349，84111997，84110779，84110776
	发行部 020-84111998，84111981，84111160
地　　址：	广州市新港西路 135 号
邮　　编：	510275　传　真：020-84036565
网　　址：	http://www.zsup.com.cn　E-mail：zdcbs@mail.sysu.edu.cn
印 刷 者：	佛山市浩文彩色印刷有限公司
规　　格：	787mm×960mm　1/16　15.25 印张　243 千字
版次印次：	2021 年 12 月第 1 版　2024 年 4 月第 2 次印刷
定　　价：	88.00 元

如发现本书因印装质量影响阅读，请与出版社发行部联系调换

编委会名单

主　编

冯　双

副 主 编

巢　晖　李心宇　翁丽萍　谭海燕

编　委（排名不分先后）

龙　莉　陈　禹　覃东骏　李　颖　陆炜斌

陈斯敏　陈盛荣　程　萍　王　帅　王雪燕

刘健阳　张艳萍　陈泳镔　曾兰珍　焦之洋

夏雨人　赵国锋　王静思　刘　丹

序

2019年5月6日上午，本人接到计亮年院士的电话。他兴奋地告诉我，"老科学家学术成长资料采集工程"的项目终于完成了，请我给他的这部书稿写个序。我知道，这是国务院责成中国科学技术协会牵头，联合中国共产党中央委员会组织部、教育部、科学技术部、工业和信息化部、财政部、文化部、国务院国有资产监督管理委员会、解放军总政治部、中国科学院、中国工程院、国家自然科学基金委员会等11个部委共同组成领导小组，于2010年全面启动的"老科学家学术成长资料采集工程"。这也是一项国家的抢救性工程。经采集工程专家委员会提议，并经领导小组审议，计亮年院士被列入2016年度采集对象名单。

当时我的第一反应是各种情绪交织在一起：我真的为这部特殊的成果（我在学校领导班子工作时有所了解，并曾配合工作组参与了部分工作）即将出版感到由衷的高兴。因为我知道这不仅是某个领域的专业成果，而且还在某种意义上记载了老一辈科学家追求真理、报效祖国、造福人类的理想与情怀和永不停步的实践。但是，我作为一个学生晚辈，怎么够分量为之作序呢？我担心人轻言薄，愧对老师。但是无论我怎么解释，都无法改变先生的"初心"。放下电话，我请教黄天骥老师，得到他的鼓励。我就应计亮年先生对后生学子的信任与厚爱，书此感想，表达我对先生的崇高敬意！

与很多学子一样，计亮年先生是我很熟悉，也是我非常敬重的一位老师、科学家。我于20世纪80年代初毕业留校任教。在学校的教学交流、教育研究等会议上，常见到计先生对青年教师悉心指导的身影，并且时而有机会聆听计先生的教诲。1999年，我进入学校领导班子，与计先生有了更多的接触机会，使我更全面、更深入地了解了计先生。我亲身体会、感受到计先生为国家的科学事业和人才培养殚精竭虑、拼搏奉献的崇高精神和高贵品格。这在我的工作历程中，甚至在我的生命里，都留下了刻骨铭心的记忆。

计亮年先生凭借其在科学上的贡献和成就，于 2003 年当选中国科学院院士，这是对先生几十年如一日在科学的崎岖道路上不懈探索、不懈奋斗的精神和成就的名副其实的肯定。真正的科学家，都有其独特的人格魅力。他为人类所奉献的价值，常常是超越科学技术本身的。在与先生接触的过程中，有两件事情令我对先生的人格魅力感受特别深刻，使我深受教育。

第一件事是计先生多次在与我交谈，或者在学校会议，或者是在与青年教师的座谈会中发自内心地谈到他自己的一种信念："没有共产党，没有新中国，就没有计亮年的生命，更不要说成为一名科学院院士。"他讲道，在他 6 岁和 9 岁时，父母相继病逝。1948 年，他便做了童工。1949 年上海解放，他参加了上海市手工业工会，成为一名会员。在上海市总工会举办的各种类型职工夜校的帮助下，像他那样贫苦的童工们才获得了学习机会。他白天在工厂打工，晚上在职工补习学校和夜校中学学习了初中和高中的课程内容。先生没有辜负组织对他的栽培，在补习过程中，他非常刻苦勤奋。先生于 1952 年在上海市总工会推荐下，参加普通高等学校招生全国统一考试，并以化学方向百名录取生中第一名的优异成绩被山东大学化学系录取。每每谈到自己的往昔时日，先生总是充满了无限的感恩，并努力在实践中把这种非常朴素的情感转化为奉献国家、奉献科学的信念。正是这样的感恩，使他始终充满正能量。可想而知，在那个年代，先生所面临的条件是极其艰苦的，面临的困难是多方面的，先生能够始终不渝地追求科学，并取得如此大的科学成就，正是因为他内心很纯粹的、坚定的理想和信念，使他百折不挠地拼搏，攀登上科学的高峰。

第二件事是 2014 年计亮年先生获得广东省科学技术突出贡献奖。评上这个奖的第一时间，他就给我打电话，说要把他个人获得的全部奖金捐给学校基金会，希望能借此鼓励年轻的学子们继续攀登科学的高峰。对于这件事，我印象特别深刻。当时，我分管校友会和学校教育基金会工作，接到先生电话后我便立即和基金会的同事一起到先生的办公室，与先生商量落实。根据评奖委员会对奖金分配的原则要求，他把能分给团队的部分，都分给了团队，而将规定属于他个人的50万元全部捐献出来，通过学校教育基金会，设立化学生物学奖学金，以此鼓励在该领域取得卓越成绩或者做出卓越贡献的青年学子。

老实说，对于一个几十亿身家的企业家来说，50万不是一个大数目。可是我相信，对于一个知识分子，对于一辈子只做教师的计亮年先生来说，这是他第一次拿到这么大一笔属于自己的钱。他的纯粹和真诚令我动容！我一再劝他，无论如何，要留一点给自己，毕竟当时先生已经是80岁的老人了，且夫人曾患过大病。然而，无论什么理由，都无法改变他的决定，基金会只好照单全收了先生这份沉甸甸的厚意。

我完全能体会到先生那种对科学的热爱，那种对国家、对人民、对教育、对母校的真挚情怀，特别是对青年学子的殷切期望。先生对我说：虽然自己年纪大了，但只要生命尚存，他就不会停止工作；虽然他还会为国家的发展、为人类科学的发展尽自己最大的努力，但他要将重点转向培养优秀青年人才，希望青年学子成长起来，能像接力棒一样朝着科学的高峰攀登，为国家服务，为人类造福。

毫无疑问，计先生的这种善举，正是他坚定理想信念之实践的印证，不仅寄托了老一代科学家对青年学子的期望，而且是他为民族、为国家、为人类奋斗毕生的情怀表达。真正伟大的科学家在道德上都是高尚的，他们心中有祖国、有人类、有责任。没有坚定的理想信念，只限于满足一时功利的追求，是不可能有这样的成就的。

计亮年先生的思想高度和道德境界代表了中国科学家真正的科学家精神。我特别敬重他、敬佩他，衷心祝愿他健康长寿，桃李满天下，幸福到永远！

李 萍
2021年6月于中山大学

目 录 Contents

第一章 苦难的少年 1
 第一节 不幸的家庭 2
 第二节 学徒工岁月 7
 第三节 喜迎解放 10
 第四节 知识改变命运 12

第二章 在曲折中成长 17
 第一节 在山东大学开启化学生涯 18
 第二节 进入北京大学深造 22
 第三节 走上高校讲台 26
 第四节 从事前沿交叉学科——配位化学研究 28
 第五节 独立主讲四门化学专业基础课程 30
 第六节 参加"03045铜萃取剂"协作研究 39

第三章 抓住机遇发展生物无机化学新兴学科 43
 第一节 发展生物无机化学新兴学科 44
 第二节 与美国同事合作,共同发现了"茚基动力效应" 47

　　　　第三节　家庭发生重大变故 …………………………………… 52

第四章　努力攀登科学高峰 ……………………………………… 59
　　　　第一节　在碳氢化合物催化氧化机理和应用探索研究方面
　　　　　　　　的突破 …………………………………………… 60
　　　　第二节　对修饰天然过氧化物酶进行分子改造 …………… 65
　　　　第三节　在钌多吡啶配合物作为人工核酸酶研究方面的
　　　　　　　　进展 ……………………………………………… 68
　　　　第四节　金属酶方向取得的丰硕成果 ……………………… 77

第五章　坚守教学第一线 ………………………………………… 83
　　　　第一节　本科生培养 ………………………………………… 84
　　　　第二节　研究生培养 ………………………………………… 88

第六章　支持发展"化学"新兴学科 ……………………………… 103
　　　　第一节　从弱势学科发展为强势学科 ……………………… 104
　　　　第二节　引进和培养人才是新兴学科发展的关键 ………… 107

第七章　促进国内新兴学科的发展 ……………………………… 109
　　　　第一节　积极组织国内外生物学和化学交叉学科的
　　　　　　　　学术交流 ………………………………………… 110
　　　　第二节　积极推动科普讲座的开展 ………………………… 121
　　　　第三节　加强国内外研究团队合作 ………………………… 125

第八章　感恩和报效 ……………………………………………… 131
　　　　第一节　感谢新社会，感恩母校 …………………………… 132
　　　　第二节　服务社会，报效祖国和人民 ……………………… 135

第九章　人生感想 ………………………………………………… 137
　　　　第一节　抓住机遇，努力追赶 ……………………………… 138

第二节　选择适合自己的研究发展方向…………… 139
　　第三节　老骥伏枥是我人生的最大梦想…………… 140

附录一　计亮年年表………………………………… 144

附录二　计亮年主要论文目录……………………… 194

参考文献……………………………………………… 225

后记…………………………………………………… 229

 苦难的少年

第一节 不幸的家庭

像所有经历过新旧社会的人一样,计亮年人生阅历丰富。这个"丰富"带给他的,既有痛苦,也有欢欣。从1934年4月到1952年9月,计亮年度过了他艰辛、曲折的童年和青少年时期。从1934年4月到1948年6月走向社会前,计亮年是在一个不幸的家庭里成长的,也是在一个"颠沛流离"的社会环境中度过的。

2010年9月在上海市马当路普庆里10号

2010年9月与夫人杨惠英在普庆里弄堂口

1934年4月20日，计亮年出生于上海市马当路普庆里10号的普通弄堂里。由于旁边的普庆里4号是抗日战争时期大韩民国临时政府所在地，属于文物保护区，所以该故居至今仍保留完整。计亮年父亲计竹卿，又名计炳宏，祖籍浙江鄞县（现宁波市鄞州区），出生于宁波西郊乡，自学成才，能讲一口流利的英语。1906年，他进入英国泰晤士报社驻上海分社做工。1937年抗日战争全面爆发时，已晋升为该报社职员。母亲计黄氏，出生于宁波乡下，是相夫教子的传统家庭妇女。二人于1912年在宁波乡下结婚，生育了六个女儿和两个儿子。计亮年是家中最小的孩子，在他3岁前，家境还算殷实，小时候有保姆照料。虽然宁波素有尊师重教的传统，但旧社会家庭重男轻女，家里的几个姐姐文化程度都不高。计亮年对有文化的大姐夫非常崇拜，从小就对读书有强烈的愿望。

父亲计竹卿
（1888—1943）

母亲计黄氏
（1892—1940）

1967年计亮年与大姐计桂英（左一）、二姐计徽英（左二）、四姐计淑敏（左三）、六姐计美英（左四）在上海复兴公园相聚（当年三姐计月英、五姐计妙英居住在南京）

哥哥计永年
(1926—1948)

父母在世时，大约3岁的
计亮年（右）与邻居小朋友合影

1937年，日本开始全面侵华，随后上海沦陷。计亮年小小年纪就亲历了上海"八一三事变"炮火的洗礼，以及沦陷区难民的悲惨。在他很小的时候，就每天过着担惊受怕的日子。清晨赶早就是为了去抢购配给的"户口米"，那时的场景他至今还记忆犹新。在日本军的铁蹄之下，计家家境逐渐衰落，父亲工作的英国泰晤士报社濒临倒闭状态。回忆少年时光，计亮年刻骨铭心。他不仅亲眼见证了日本帝国主义侵略中国、侵略上海的滔天罪行，而且经历了国民党政府腐败的统治和通货膨胀。也正是因为他亲身经历过国家和民族的危难，激发了他的爱国主义情操和奋发学习、报国图强的强烈愿望。

1940年9月，6岁的计亮年进入上海通惠小学读书。同年，母亲因患肺结核病不幸去世。尽管家里的生活来源完全靠父亲支撑，但这一不幸的事情仍给家里带来巨大的伤痛，也给计亮年的幼小心灵一个沉重的打击。到了1943年，父亲同样因肺结核病不幸去世。年仅9岁的计亮年，没有了父母的疼爱，也失去了经济来源，只能依靠姐姐和哥哥的帮助生活，饱受了人间苦难。

1945年2月，读小学五年级时，计亮年患了伤寒症。当时他一直高烧不退，病情凶险，没钱看病，在家休养了差不多半年。病愈后他通过考试跳班，1945年9月转入新新小学继续六年级上学期的学业,直到小学毕业。同年9月,他考取基督教圣公会主办的圣德中学就读初中一年级。因该校学费昂贵,1947年,计亮年不得已转到齐鲁中学读初中二年级。这时候,计家已经面临严峻的经济问题。六个姐姐中有三个已经出嫁,其家庭经济来源都是依靠丈夫,孩子又多,经济条件极端困难。大姐夫范世震为上海一家外国公司职员,能讲一口流利法语,喜欢看毛泽东的《矛盾论》等进步书籍,是中共地下党工作者。1947年,他突然病亡,留下两个女儿和一个儿子,由怀孕的大姐计桂英独自抚养。为了维持生计,计桂英只好在有钱人家里洗衣服谋生,只要她能做的事情都去做。新中国成立后,虽然文化程度不高,她仍勇敢地走向社会,在江西九江针织厂当工人,独立支撑家庭。而尚未出嫁的三个姐姐也没有正规的工作和固定的经济收入,计亮年可以依赖的只有17岁的哥哥计永年。

哥哥计永年非常聪明勤奋,每天清晨起床后,第一件事就是听收音机自学英语,后来,就能说一口流利的英语。他初中毕业后,先后进入上海国际电台和美国合众通讯社驻上海分社担任打字员,成为家庭经济的主要支柱。然而在1947年,噩耗再一次降临这个不幸的家庭,哥哥计永年也得了肺结核病,继而被美国合众通讯社上海分社解雇。失去工作后没有了经济来源,父母不在人世,哥哥因过度着急导

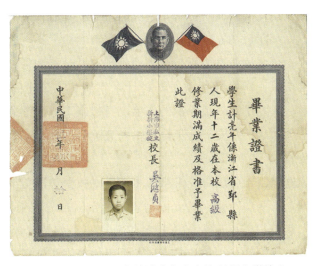

1946年7月,12岁的计亮年在上海新新小学毕业

致精神失常。哥哥的厄运,对这个家庭来说可谓雪上加霜。此时,整个家庭唯一可以依靠的只有在上海八仙桥经营裕新百货商店的大姑妈范计氏。在这样的情况下,计亮年读完初二后,不得不中断他的读书生涯,早早进入社会。

2010年9月在上海复兴中路圣德中学原校址留影

因患有精神病,哥哥计永年大脑功能紊乱,经常惹出事情。有一次发病,被人用绳子长时间捆绑,造成他血液不流通,最终导致坏血病。此时,计亮年已离家外出打工,在工厂当学徒工了。之后,他才得知这件事,赶紧回去探望哥哥。当他赶到家里时,哥哥已经躺在床上,双目失明了。1948年年底,哥哥计永年病亡。哥哥的离世在计亮年心里再一次划下了一道深深的伤痕。身边亲人一个个地离去,少年的计亮年无法坦然接受。为了摆脱饥寒交迫的生活,家里人只能靠变卖家产度日。

由于家庭经济十分困难,饥饿成了严重威胁少年计亮年生存的主要因素。他七八岁的时候,过着极为窘迫的生活,常常是衣不蔽体、食不果腹。每天只能吃两餐饭,每餐仅分得一小碗的稀饭和少许咸菜。长期的饥饿导致计亮年营养不良、骨瘦如柴。他只是一个被人同情、并不惹人喜欢的男孩,被人戏称为"三毛"。贫穷伴随着他整个童年时代。计亮年小时候被人欺负，右耳内被放进黄豆，黄豆被挖出后，鼓膜受伤引起中耳炎，当时没有钱治疗，也没有引起足够的重视。1952年计亮年高考体检时，才被发现右耳鼓膜已经穿孔，导致右耳失聪。根据当年高考的规定，这时计亮年已经不能报读他填写的医科专业，于是他便把专业改为化学。此外，因小时候口腔的门牙牙齿畸形，在换牙的时候，没有人去关心和引导他，经常因牙尖磨合而引起牙周炎，疼痛难忍。直到1982年去美国留学前，计亮年才把全口牙齿拔完，装上满口的假牙。

  苦难的童年，给计亮年身上留下了永久性的烙印。旧社会生活的鞭子无情地抽下来，饥饿的威胁使他不得不在生死线上拼命挣扎。他饱尝了国破家亡、贫寒和失去亲人的切肤之痛。他在逆境中不断探索，这也培养了他吃苦耐劳、奋发图强和坚韧不拔的精神，让他迅速走向了成熟。

第二节　学徒工岁月

  1948年6月，为了维持生活，14岁的计亮年读到初中二年级就不得不辍学。在大姑妈的关怀和推荐下，他前往位于上海市九江路202号、由三个老板合伙开设的信馀皮革制品社作坊当学徒工（全厂工人仅五六名）。刚进入小作坊的时候非常艰苦，大概有两个星期，从早到晚，他都在偷偷流泪。一方面，对于14岁的计亮年来讲，他年纪太小了，不适应这种恶劣的生活和工作环境；另一方面，他也想念自己已故的父母。工厂的老板看着他的眼睛都哭肿了，就对他说："你要是再哭的话就请回家吧！"

  当时，计亮年心里想，如果自己被工厂解退回来，大姑妈知道了该怎么办呢？由于当初进入工厂的时候他什么都没有，大姑妈帮他做

2016年4月计亮年在信馀皮革制品社作坊旧址前留影
(1948年6月至1952年8月在上海市九江路202号做学徒工)

了被子、衣服,这些都是全新的。大姑妈知道这件事后对他说:"如果你不在工厂做,万一被退回来,就把这些被子和衣服全部还给我。"其实,当初大姑妈对计亮年说这些狠心的话,就是要他在工厂好好地做,别辜负她的一番心意。慢慢地,计亮年也明白了这个道理,也特别感谢大姑妈对他的关心和爱护,在他最困难的时候给予的帮助,令他终生难忘。1982年4月16日,计亮年第一次应邀赴香港参加粤港两地化学会组织的学术会议,并做报告。会议结束后,他还专程前往埋葬在香港的大姑妈的坟前拜祭,表达了他对大姑妈的感激之情。

在旧社会,当学徒工是很苦的。计亮年的工作就是手工制作皮带和背带,以及给工厂的工人买菜、煮饭、挑水、洗菜、挑煤和做煤球。同时,他还挑着皮革制品到上海各地的百货商店去送货,哪儿需要货就送到哪儿,这个工作计亮年一干就是四年多。

上海接近解放时,工厂已经发不出工资了。计亮年被老板派到上海四川北路的马路边摆地摊，销售工厂生产的皮革制品。1949年前，该工厂有三位老板，其中有一位沈老板非常担忧会打仗。他为了转移家里的财产，提前把自己远在上海西郊的家中的一个贵重大木箱搬到位于上海东边外滩九江路的工厂存放。当时，沈老板为了节省开支，要求计亮年和一位身材高大的学徒工杨大元负责这件事。他们二人从清晨出发，冒着财物被抢的风险，用扁担抬着大木箱提心吊胆地步行几十公里，直到傍晚才抬回工厂。由于计亮年身材矮小，而且年纪尚小，只有15岁，沉重的木箱把他的肩膀都压肿了。由于经常挑扁担送货，至今他的颈背上还留有当年做学徒工时扁担留下的老茧印记。

他每天起早摸黑地艰苦劳作，用幼嫩的双肩挑起了生活的重担；看到同龄孩子背着书包开开心心去上学的情景，他常常偷偷流下辛酸的眼泪，总认为自己命不好。当时，他最大的心愿就是有机会再上学。

1949年春节，工厂的老板有很多亲朋好友来做客，计亮年需要给每一位客人端茶。有些客人比较大方，会给他一角或两角钱，以作为新年"利是"，他都一一攒起来。等凑满四元，春节过后，他就把钱送给比自己更困难的大姐作为生活费。当大姐见到自己的弟弟冒着大雨来送钱，脚上却没有雨鞋穿，眼泪便流了下来，急忙把已过世的丈夫留下的雨鞋送给弟弟。患难之中，姐弟之情终生难忘。这些经历也使得计亮年在往后的人生路上，更加热心助人，遇到任何困难都能咬牙坚持，迎难而上。

因为心中的苦衷只能向大姐倾诉，少年时代的计亮年心中充满了困惑、沮丧、失落和彷徨，经常会感觉做人很苦闷，不知道自己以后会有怎样的人生。由于看不到前途和希望，他只好靠看武侠小说来打发业余时间，通过阅读向别人借的《蜀山剑侠传》来解闷。受到小说的影响，计亮年曾经幻想能够成为一名逍遥的神仙或大侠，游山玩水，行走江湖。就这样，他在不安与期待中懵懵懂懂地过着日子……一次计亮年去大姐家，很痛苦地对大姐说，他打算去四川的峨眉山庙中当和尚，这样什么烦恼都没有了。大姐吓得哭了起来，以为计亮年和他的哥哥一样，也患精神病了。

一个人的出身是无法选择的，但他的命运却是可以通过后天努力改变的。计亮年赶上了中国历史上最动荡的年代。在战火纷飞、风雨飘摇的年代里，他饱尝颠沛流离的战乱之苦，但也正是这种动荡的生活赋予了他坚韧不拔的品质和满腔的爱国热情。他在艰难时期学会了坚持，在困苦中学会了生存，心中总是对未来充满希望；只要不放弃、不灰心，敢于和命运抗争，相信坚持一定会有收获、一定会有别样的人生。

漫长的童年时光生活虽然让计亮年受尽了欺凌，尝遍了人情冷暖、世态炎凉，但做工给计亮年带来的最大的安慰，就是至少吃住条件比在家里好。他每天能吃饱饭，不再挨饿。这段坎坷的童年经历，磨炼了他不怕艰难险阻的性格，增加了他的生活阅历，也开阔了他的视野。

第三节　喜迎解放

1949年5月，上海迎来了解放，中国共产党改变了中国的命运，也改变了计亮年一生的命运。他利用做工的业余时间，拼命补习初高中课程，为他人生美好的未来奠定了良好的基础。

1949年前，工厂老板为了赶制任务，常常要求工人加班到半夜三更。1949年后，上海市总工会规定，劳动者每日工作时间不得超过10小时，这给计亮年带来了利用业余时间学习的机会。在强烈的求知欲望驱动下，他积极参加了上海市总工会主办的各类职工业余学校的活动，抓住一切学习的机会。这些学习机会为他走上化学研究的道路打下了基础。机遇对任何人都无比珍贵，唯有不懈努力，才能牢牢把握。

从小受到知识分子家庭环境的熏陶，计亮年树立了知识就是力量、知识改变命运的价值观，只有学好知识，才能成为一个对社会有用的人。他渴望学习知识，尽快改变命运。工厂快节奏的工作方式使得他只能在夹缝中发展自己的爱好，对数理化的浓厚兴趣，促使他走上自学成才的道路。在艰难的环境中，他依然没有放弃读书学习的机会，卖掉身边能卖的随身物品作为学费，以常人不可比的学习劲头奋力前行。这段艰难曲折的求学经历，不仅塑造了计亮年珍惜时间、勤奋刻苦的坚毅品格，也为其日后在山东大学、北京大学、南京大学、衡阳矿冶工程学院、中山大学、美国西北大学和瑞士巴塞尔大学等院校学习和深造打下了宽广深厚的学习基础。

1949年，年仅15岁的计亮年深深知道，如果没有共产党，就没有自己学习的机会。为了弥补1949年前做工落下的课程，从当年的下半年开始，计亮年白天做工，凌晨和晚上赶到黄浦区业余中学和上海市职工业余学校补习班学习。他拼尽全力和时间赛跑，要把做学徒工期间耽误的学习时间补回来。在这期间，他分别补习了初中和高中数学、物理、化学等各年级的单科理科课程。

1951年起，他每天晚上进入四川北路广肇夜校中学重新补回缺失的初中三年级政治、历史、地理、语文和英语等文科课程。晚上从夜校回来后，他还要挑灯苦读做作业到深夜，从来没有休息日的概念。在枯燥而有意义的生活中穿行，对于计亮年来说，连晚上睡觉似乎都是奢侈的。在三年多的时间里，他疯狂地把初中三年级和高中所有课程都补完了，孜孜不倦地学习，如饥似渴地汲取知识的营养。他紧紧抓住零星的时间，经常边吃饭边看书。熟悉他的人都知道，他就连去厕所时也拿着本书看，不让一分一秒从指缝间流走，每天坚持长时间自学，有时甚至可以达到18个小时。高强度的工作和学习，并没有在精神上压垮计亮年，一觉醒来，他又变得充满活力，继续赶早上的补习班课程。功夫不负有心人，1952年，计亮年同时获得补习班高中理科课程结业证书和初中夜校中学毕业证书。

在打工的四年多时间里，计亮年从青涩少年走向青年，身体在高强度的劳动中得到了锻炼。除白天在工厂上班以及早晚间的补课外，其他业余时间计亮年就借同学的教材不停地抄抄写写，以致他右手中指的关节长出了老茧。生活虽然很艰苦,但他觉得只要有书读,就很满足了。一直以来,计亮年都以勤奋好学之人为榜样。尽管工厂的环境艰苦恶劣,他仍然迎难而上。学徒生涯磨炼出他在艰难困苦中求进取的顽强精神。

虽然幼年颠沛流离,但是计亮年始终与书为伴。当时要靠人力背着或挑着把厂里的皮革制成品步行送到上海各个地区的百货商店,计亮年便怀里揣着书,脑子里思考着数理化的问题,肩上扛着重重的货物,足迹遍及整个上海。

他幽默地说:"现在我的脚劲仍然很好,就是那时候锻炼出来的。"

回首往事,计亮年十分眷念那段时光,也许那是他人生中最好的一段时光:虽然贫困和压抑,甚至无知和偏激,但充满了激情和理想。

小时候的锻炼,使他养成了坚韧不拔的意志,不轻易求人。在艰苦条件下,他没有放弃学习的机会,也没有丧失对生活的希望。计亮年认为,能够吃苦,是人生难得的品格,是一种无形的财富,是前进的不懈动力。隆隆的机器声和街道闹市的喧哗声并不会影响他对知识的渴望,这种"安排和利用点点滴滴的时间以便完成预定任务"的习惯,一直保持到现在,并使他在后来的高考和在美国留学时大放异彩。

第四节 知识改变命运

在当时的社会条件下,坚持了三年多的"恶补",他把缺失的初、高中课本的知识全都补上了。1952年6月,经上海市总工会推荐,他参加了全国高等学校统一考试,这改变了他的一生的命运。计亮年说,"想上大学的愿望是十分强烈的",至于报考什么专业他好像很少考虑,想着只要考上就好了,有书读,学什么专业都不重要,上大学就是为了生存,有稳定的工作,能吃饱饭就满足了。当时在青年工人中能够有资格站在这条读书起跑线上,能够实现那个绚丽的大学梦的人实在是凤毛麟角,上大学在他们看来是一件遥不可及的事。高考结束后,计亮年的神经一直紧绷着,脑海里一直围绕着与考试有关的问题,总处于无眠或噩梦的状态。他的心总是忐忑不安,像悬着一块大石头,紧张又期待。

1952年9月29日,高考放榜日,凌晨5点钟,计亮年就赶到工厂附近的《大公报》报刊发行站门口等着开门。天还没亮他就拿到了报纸,迫不及待地在马路边的灯光下翻看刊登的录取名单。当看到自己被山东大学录取时,他欣喜若狂,整个人一直保持在"傻笑"的激动状态中。此时的计亮年由衷地感谢中国共产党,是党让他有机会走进知识的殿堂。他暗下决心,一定要抓紧时间尽最大努力学习,不辜负党的厚望。

三年多的呕心沥血,纵使他的学习过程并不完整,但系统而有序的学习,终于功夫不负有心人。这是计亮年人生中抓住的第一个机遇。

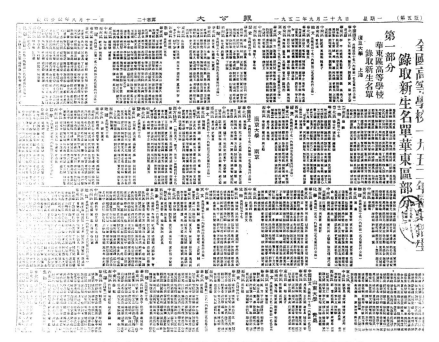

全国高等学校1952年暑期招生录取新生名单华东区部分
(《大公报》,1952年9月29日)

计亮年参加全国高考,并以华东区化学方向百名录取生中第一名的优异成绩被山东大学化学系录取。此消息曾刊登在 1952 年 9 月 29 日《大公报》、1952 年 9 月 29 日《解放日报》等全国各大报刊,他的名字第一次出现在报纸上。计亮年在全年级百名录取生中也是年龄较小的。当收到山东大学的录取通知书时,他激动得彻夜未眠,高兴之余也感到诚惶诚恐,不知道自己这样通过业余补习班学习的新生是否能适应山东大学化学系的学习生活和环境。当年,他考上大学的消息不胫而走,在工厂周围成为大新闻,几个姐姐也激动万分。邻居之间相互转告好消息并纷纷前来向他祝贺和取经,并给予他经济上的帮助。

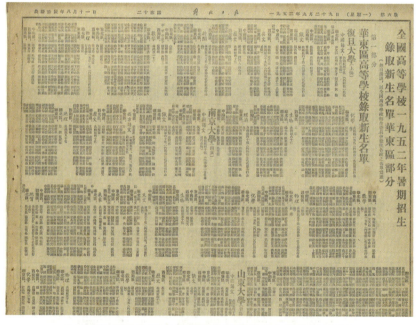

全国高等学校1952年暑期招生录取新生名单华东区部分
(《解放日报》,1952 年 9 月 29 日)

计亮年从此开始了他为之倾注满腔热情的化学研究生涯,不知疲倦地踏上了科学探索之路。

20 世纪 50 年代的山东大学坐落在美丽的海滨城市青岛,计亮年就在青岛校区度过了他美好的四年大学生活。尽管父母过早地离开了计亮年，但童年的苦难生活并没有影响他对未来生活的向往。在北方的青岛上学，他没有什么冬天的衣服，而他的随身物品因交补习班的学费早已被变卖掉了，他可以说是"身无长物"。收到录取通知书后，家里经济困难的大姐给他做了一双棉鞋，并把家中唯一的皮箱送给他放置随身物品；四姐计淑敏帮他买了一条棉裤；五姐计妙英给他定做了一件棉衣。尽管姐姐们的家庭生活也十分艰苦，但还是给弟弟购置了一些生活用品。在计亮年最无助、最困难的时候，是她们给予了他支持、帮助和鼓励。姐弟间的亲情，计亮年一直铭记在心。

买好火车票后，身上只剩下几元钱的计亮年出发前往青岛的山东大学。由于高考成绩名列全班第一，他被班上同学戏称为"龙头"。入校报到后，班级政治辅导员得知他经济上有困难，还帮他向学校申请到交通补助，使他能全身心地投入学习之中，自由漫步于知识的海洋。

第二章 在曲折中成长

第一节　在山东大学开启化学生涯

山东大学有着优良的校风和学风。在大学四年里，计亮年刻苦学习，除 1955 年学校组织前往天津汉沽化工厂实习外，其余时间他都留在学校，没有离开过青岛。寒暑假期间，同学们都回家或外出度假，他依然在学校看书学习。四年的大学生活，他从来没有去过学校的舞场，也没有看过一场电影。计亮年抓住一切可以利用的时间，放弃一切可以放弃的休息，把分分秒秒都用在读书上。他废寝忘食、如饥似渴地学习，就像一艘小船在知识的海洋遨游。全身心投入学习当中，没有做工的烦恼，让他真真切切品味到读书的快乐。他通过各门基础课的严格训练，并与实验课相结合，学到了分析问题和解决问题的方法，以及如何使理论与实践相结合的方法，培养出了严密的逻辑思维。三年级进入专业课学习后，他越来越得心应手，当选为班级学习委员，提高了学习能力，为以后的科研和教学工作奠定了扎实的基础。勤奋和严谨也是计亮年在大学期间养成的品质，并且后来也成为他对自己所教学生的基本要求。

在这样一个舒适的学习环境里，计亮年深切感受到这一刻来之不易，倍加珍惜难得的学习机会。他说："我非常珍惜这种从未有过的幸福时光。"尽管没有经济来源，时常过着窘迫的生活，但这并不影响他对知识的渴求，他的精神十分愉悦。

有一次，与计亮年一起在工厂打工的朋友来信，说："现在你已进入'天堂'了。"计亮年回信："我自己做梦也从未想过会到'天堂'来。"他每天钻进书堆里，埋头苦读，认认真真、踏踏实实地度过了四年大学生活。在他看来，一个人只有勇于承受磨难，才能不断锻炼自己的坚强意志。

计亮年是班上年龄较小的学生之一，同时也是班级里经济条件最困难、生活条件最艰苦但学习最用功的学生之一。回忆往事，在校期间，他得到过很多人的关爱。偶尔，他的四姐和五姐也会寄给他少量的零花钱。

1952年起，国家对大学生实行全额奖学金供给制，这对于计亮年来说，可谓是雪中送炭。他依靠着学校每月9元人民币的甲级助学金勉勉强强维持日常生活，大学四年就这样支撑了过来。计亮年当年的俄语教师赵鸿泰教授专程给他购买了一本俄语字典，便于他查阅单词。在寒冷的冬天，有些同学把自己的棉衣借给他。这些都让计亮年感受到了老师和同学带来的温暖。同学之间平等互爱的校园氛围，让饱受贫困之苦的计亮年非常喜欢，他的成绩越来越好，人也越发自信了。

1955年，计亮年在医院做扁桃体手术时，班上很多同学来探望他。在那个艰苦的年代，同学们还送了营养品给他，帮他渡过难关。同学们都很淳朴、善良，在一起相处也很融洽，像亲兄弟姐妹一样。如今，当年的同学也都有八九十岁了，但仍然保持联系。特别是班上的大姐赵无蕴同学，对计亮年一直特别关心，现在她已90多岁，卧病在床已有十多年了，每逢重要节日，她还会写长信来问候并提醒计亮年多注意保重身体。60多年的同学深情是计亮年人生最宝贵的财富，使他永远难以忘怀。2015年6月4日，计亮年访问母校山东大学，给在读的大学生和研究生做了题为"回忆60年前母校的培养——探讨学生如何迎接当代科学和技术面临的机遇和挑战"的讲座。

当时山东大学化学系名师云集，学校最好的老师都在给他们上基础课。老师们也都非常亲切和蔼，为了同学们的学习，老师们更是竭尽所能，不遗余力。计亮年在山东大学师从由美国留学回国的著名物理化学家、当时中国三大理论化学权威之一的刘遵宪教授。刘遵宪教授主要讲授"物理化学"课程。其条理清晰、重点突出、深入浅出的教学方法，引起了计亮年对该课程的极大兴趣。尤其是刘遵宪教授温文尔雅、彬彬有礼的举止风度，渊博精深的专业学识，锲而不舍的治学精神，令计亮年深深折服，更加坚定了他深入学习"物理化学"的决心。从英国留学回国的著名电化学家徐国宪教授讲授"电化学"和"热力学"课程。徐国宪教授是一位学识渊博的好老师，亲自指导计亮年完成了他的本科毕业论文《电毛细管曲线研究》。徐国宪教授耐心教导计亮年："只有大量地阅读与毕业论文相关的专业文献，才能开阔视野、深化理解、学有所成，进而提出对论文的改进意见。"徐国宪教授具有细致严谨的科学精神和敏锐的科学洞察力，在科学研究中，从不放过对任何一丝异常迹象的探索。这种踏踏实实做学问的方法和训练使计亮年终生受益，为他日后追随北京大学徐光宪教授继续更高深的科研打下了良好基础。

当时，由全国《基础无机化学》教材主编之一的尹敬执教授亲自主讲一年级的"无机化学"课程；由叶长岑教授主讲二年级的"分析化学"课程；从德国留学回国的刘椽教授主讲三年级的"有机化学"课程；邓从豪院士讲授四年级的"量子化学"课程等。一批名师倾心教授了十多门基础课和专业课。这些教授们不仅知识渊博，而且讲课深入浅出、引人入胜，把这些初入高校的学生带入一片崭新的知识天地；不仅让他们大开眼界，也激发了他们对化学的浓厚兴趣。计亮年从中受益匪浅，至今仍感恩大学里遇到的每一位老师。正是老师们满腔热忱的付出，才让这群对知识如饥似渴的学子们如沐春风、如逢甘露。他们不仅教学生以知识，更以身作则教学生如何做人做事。

计亮年从山东大学开始，一直到北京大学、南京大学、香港大学、香港科技大学、美国西北大学、瑞士巴塞尔大学和希腊依奥尼亚大学，始终跟随着一批中国乃至世界一流的化学家学习或共同工作，他对化学的兴趣也越发浓厚。在山东大学四年的学习中，计亮年不仅接受了严格的基础教育，而且山东大学优良的师资、浓厚的科学研究气氛和民主的学风，也使计亮年受到了国内一流的训练，掌握了丰富的专业知识，锻炼了创新思维和方法，学会了做人做事的道理。良好学风的养成，是他人生的重要财富。

1955年，在主讲化工课程的吴济元教授的带领下，计亮年赴天津汉沽化工厂实习，并获得山东大学1955年度学生优秀学年论文奖励金和优等生奖状。经赵无蕴和赵石柱两位同学介绍，1955年6月4日，计亮年加入了中国共产主义青年团。新中国对计亮年而言，恩重如山，"报恩"曾一度是计亮年心中的全部想法，他把感激之情化为自己努力学习、刻苦钻研的动力。新旧时代的巨大反差，让计亮年从此奠定了"感恩此身长报国"的坚定信念。

计亮年的求知欲望十分强烈，他像海绵吸水般，全身心地接受大师们的教诲。专心学习的实际行动和优异的学习成绩，为计亮年日后在科学道路上的成长奠定了坚实的基础。

1956年7月山东大学化学系四年级毕业班共青团支部
全体团员同学留影（三排右一为计亮年）

1956年山东大学化学系毕业师生合影（一排左七至十二分别为吴济元教授、叶长岑教授、徐国宪教授、刘遵宪教授、刘椽教授、阎长泰系主任，一排左十五为邓从豪院士，三排左十为计亮年）

第二节　进入北京大学深造

1956年7月至1958年4月，是计亮年人生道路上的又一个重要阶段。大学毕业后，计亮年被第二机械工业部（核工业部前身）选拔为国内第一批原子能高级人才来培养，赴北京大学技术物理系学习和担任"放射化学导论"实验课程的助教工作。

1956年大学毕业前夕，计亮年因学习成绩优秀，被学校推荐公派赴苏联留学。当时的入选体检都已通过，遗憾的是，计亮年却被告知由于表兄（大姑妈儿子）在香港工作，政治条件不合格，最后被迫取消。山东大学对学生要求非常严格，经过层层考试、遴选合格并获得毕业证书的学生仅占全班的58%。

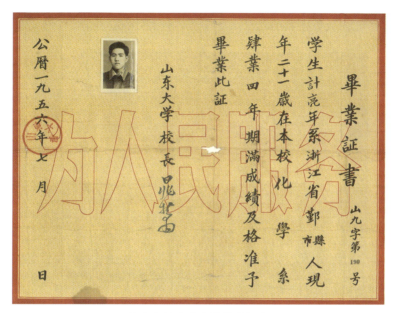

计亮年的山东大学毕业证书

虽然错过了一个出国学习的好机会,但在毕业时,计亮年被第二机械工业部选派作为国内第一批原子能培养人才前往北京大学技术物理系学习。当时,他只知道自己被分配到保密单位"546信箱"。这是一个什么单位？做什么工作？他一概不清楚。报到后,他才得知这批学员是从全国各地重点高等院校应届化学、化工专业的学生中选拔而出的400多名毕业生,准备入读代号"546信箱"（即现北京大学技术物理系）内设的第二机械工业部技术干部训练班,作为当时国内第一批原子能的高层次人才来培养。在训练班入学前,每位学员都需要进行俄语摸底考试,按俄语成绩高低分为甲、乙两组,即快班和慢班。每组按成绩再分七八个班,两个组共有15个班,每班有30多名学员。当时计亮年的考试成绩在400名学员中排在前25名,被分配到甲组一班。后来,北京大学技术物理系又缺实验课助教,他便被遴选为训练班"放射化学导论"课程兼职实验助教,师从肖伦教授。计亮年每天都认真做好实验课前的准备工作,包括实验材料、仪器设备等的准备,仔细钻研实验指导书,尽可能多地阅读参考书,以便更好地解答实验过程中学员们提出的相关问题。为此,他经常工作到深夜,但能在极负盛名的北京大学学习,计亮年深感荣幸。

1956—1957 年第二机械工业部技术干部训练班甲一班全体学员于北京合影(二排左六为计亮年)

计亮年特别庆幸在训练班中遇到了许多国内外一流的名师。当时,训练班由国内著名放射化学家钱三强教授领导,并由钱三强教授亲自做开学动员报告;由胡济民教授、何泽慧教授、肖伦教授、杨承宗教授和朱光亚教授等一批国内原子能领域的名师,以及苏联核化学专家湟费洛夫教授等在授课期间开设了"放射化学""放射化学导论""核物理"和"俄语"等课程。在人才荟萃的学习班里听国内外学术大师们讲课,极大地激发了计亮年的学

2016 年 5 月在北京中关村科学院 24 号楼(1956 年他在北京大学学习期间的宿舍楼)前留影

习兴趣，促使他在学业上进步显著。

在北京大学学习期间，计亮年每月能领到56.5元工资，经济上再也不用担心了，学习热情更加高涨。这些名师严谨的治学态度、敬业奉献的精神、扎实的理论基础以及理论与实践相结合的思维方式，特别是对实验的执着态度，以及节假日无休的工作习惯等都深深影响着计亮年。这些名师教会了计亮年作为一名科学家应有的严谨、创新和责任感。每天清晨，他从住地中关村24号楼宿舍到技术物理楼上班。除了学好系列课程外，还要协助做好课前的实验准备，以及担任指导训练班学员的实验课辅导工作。计亮年每天学习、工作至深夜，晚上在图书馆一直学习到闭馆才离开。

2016年5月在北京中关村他曾经工作过的北京大学技术物理楼前留影

离开北京大学的46年后，2004年7月计亮年应邀为北京大学学生做了题为《交叉学科研究推动生物无机化学学科发展》的报告。2016年，计亮年与夫人再次被北京大学邀请回校，他感到特别亲切，特地与夫人在老校门的门口合影留念。2018年5月4日，北京大学邀请计亮年及其夫人出席建校120周年纪念大会。

2018年5月4日与夫人应邀参加北京大学建校120周年纪念大会

第三节 走上高校讲台

1958年,我国在衡阳创立中南矿冶公司。

9月,计亮年调入第二机械工业部十二局衡阳中南矿冶公司生产处从事有关科技和生产管理工作。这个经历拓展了他对化学知识应用的认识。当时,计亮年常驻中南矿冶公司北京办事处和第二机械工业部华东工作组驻上海大厦内办公。

1958年10月,计亮年到上海出差,经一个亲戚介绍认识了夫人杨惠英,两人至今已执手相伴60余年。

虽然身处管理工作岗位，但由于不能学有所用，计亮年并不安心，心中只想继续做化学研究。教育救国的思想一直潜移默化地影响着他，他更愿意回到自己热爱的教学科研工作中。1958年10月，衡阳矿冶工程学院（现南华大学）成立。1959年1月，计亮年在出差上海期间，遇到在第二机械工业部教育处工作的原山东大学同班同学许柳勤。许柳勤告诉计亮年，自己来上海的任务是从上海各高等学校招聘教师去新建的衡阳矿冶工程学院工作，但很多教师不愿意离开上海到衡阳这个小城市工作，招聘的难度很大。计亮年听到这个消息后，当即表示很希望去衡阳矿冶工程学院工作，这样一来就可以重新站上高校的讲台，为学生讲课。他立即向第二机械工业部教育处提出申请，这使他走上了人生重要的转折点，也是他一生中抓住的第二个机遇。

1959年4月，第二机械工业部人事局将计亮年从中南矿冶公司调去参加创建衡阳矿冶工程学院筹备工作。计亮年终于实现了自己多年的愿望——做一名教师，从而开启了他60余年从事高校教学工作的历程。

1959年7月计亮年与杨惠英在苏州虎丘山留影

1959年年底计亮年与杨惠英在上海订婚

第四节　从事前沿交叉学科——配位化学研究

1959年5月，计亮年开始在衡阳矿冶工程学院从事新的教学工作。由于教学和科研工作的需要，在1959年10月至1960年9月，衡阳矿冶工程学院和第二机械工业部教育局联合推荐他参加全国配位化学研究班进行深造，从此开启了他从事多学科交叉方法研究配位化学的不平凡经历。每每回想起这段往事，计亮年总会感叹自己的成才除了个人努力外，更有组织的关心和培养。全国配位化学研究班由教育部主办、南京大学承办，研究班学员由从全国各重点高校抽调的20余名青年优秀教师组成。当时，作为国内前沿学科——配位化学学科的重点培养对象，学员们由南京大学著名配位化学专家戴安邦院士和苏联专家依阿萨维奇教授授课，全面学习配位化学的系统知识、相关的教学科研内容。戴安邦教授是我国无机化学和配位化学的奠基人与开拓者，担任当时研究班教学主讲和科研指导教师，并亲自兼任研究班班主任。依阿萨维奇教授是国际著名配位化学专家，他受苏联政府派遣来到南京大学开设全国配位化学研究班并授课。

这次学习使计亮年受益终生，除了学习到两位授课导师主讲的配位化学知识外，还潜移默化地从戴先生身上学习到他孜孜不倦的敬业精神和关心学员学习、生活的优秀品质。戴先生不仅是计亮年一生学习的榜样，也是计亮年步入配位化学交叉学科领域的启蒙者和引路人。正是在这个不断学习和积累的过程中，计亮年对配位化学的兴趣逐渐加深、日益浓厚。他下定决心，以此为终生的研究方向，最终开启他60年的配位化学研究生涯。从化学到无机化学，进一步到新兴交叉学科配位化学的研究方向，使他成为国内交叉学科最早的提倡者和实践者之一。

1960年7月1日在南京大学配位化学研究班结业时，20多名学员与戴安邦院士（一排右七）、苏联专家依阿萨维奇教授（一排右八），以及南京大学部分领导和老师合影（二排左四为计亮年）

1987年7月26日计亮年（二排左一）与戴安邦院士（二排左五）出席在南京召开的第25届国际配位化学会议

在计亮年看来,正是因为在科学研究的道路上有着像戴安邦先生这样的良师与前辈的培养和提携,自己才得以一步步走上科学的殿堂,并到达成功的彼岸。

回首往昔,计亮年很感谢这些为中国科学事业兢兢业业、鞠躬尽瘁的前辈。他说:"我一生遇到了很多好人和贵人。"就这样,计亮年踏上了新的人生转折点,走上了配位化学的研究道路,这是他一生中抓住的第三个机遇。

1960年4月7日,计亮年在南京大学学习期间与夫人杨惠英结婚。

在南京大学配位化学研究班学习期间
与夫人杨惠英的结婚照

第五节 独立主讲四门化学专业基础课程

从1960年9月至1969年9月,计亮年又回到衡阳矿冶工程学院工作。衡阳矿冶工程学院给他提供了主讲多门化学课程的机会,进而计亮年开始独立指导配位化学研究方向本科生的毕业论文。

1960年9月，苏联撤走全部在华专家，中国走上了一条独立自主的科技发展道路。一些材料的提炼和研究人才的培养也是重中之重，而这一重任就落在衡阳矿冶工程学院身上。作为这所学校的老师，计亮年感受到自己肩上沉甸甸的责任，极大地激发了他对教学工作的动力和对研究工作的兴趣。

这一年，年仅26岁的助教计亮年肩负着多重身份，在衡阳矿冶工程学院二系（即化学系）先后担任共青团支部书记、助教、系务委员会委员，代号"207"（物理化学）教研室副主任、主任等职，同时要承担科研和教学工作。只有助教经历的他，单枪匹马地准备教材、订购仪器、确定教学大纲。

当时的条件十分艰苦，需要白手起家建立物理化学实验室，一切都要从零开始；既要处理日常事务，又要为学生讲课。在物理化学教研室老师们的共同努力下，教研室终于为分析化学专业首届学生开设了第一堂物理化学实验课。

1961年，计亮年领导的"207"教研室荣获衡阳矿冶工程学院实验室先进集体称号。27岁的计亮年，在既无教学大纲又无教材的情况下，同时为从长沙中南矿冶学院转学来的63届冶金（专业代号"206"）、选矿（专业代号"204"）两个专业（衡阳矿冶工程学院冶金、选矿两个专业前身）的在读本科生主讲"物理化学"课程中的相关内容。

1961年9月底，计亮年的夫人杨惠英带着他们刚出生不久的大儿子计明，从苏州铁路医院调到衡阳矿冶工程学院医务室工作。在那个特殊的年代，国内物资非常匮乏，饥饿像梦魇一样时刻困扰着大家，很多人都得了浮肿病。衡阳又是饥荒灾害最严重的地区之一，每个成人每月仅提供23斤粮票。然而，老师们却都干劲十足，满腔热情、义无反顾地全力投身到新的教学岗位工作中，共同面对在衡阳矿冶工程学院建校初期的艰苦岁月。

计亮年从事自己热爱的教育事业，永远把工作放在首位，工作十分忙碌，每天都在工作12小时左右。由于学校是新建院校，晚上经常要参加学校组织的教工在衡阳市西郊卧虎山上挑砖、挑泥巴建造教学大楼的义务劳动。深夜回来，还要准备第二天的讲义，但当时人人

1961年，计亮年在衡阳矿冶工程学院担任"207"教研室主任期间，教研室荣获"207实验室先进集体"称号（三排左一位为计亮年，三排左二为二系党委书记马志厚，二排左二为党委副书记李剑峰）

都热情高涨，干活积极卖力，并不觉得很辛苦。为了节省粮票，计亮年早上经常不吃早餐去上课，尽管很饿，但集中精力上课，饥饿感就消失了。由于新建院校能上讲台的主讲教师很缺乏，计亮年便有了更多机会承担重任，独挑大梁。他最多同时给本科生主讲四门课程。跟随国内外大师学习多年，计亮年把从他们身上学到的讲课技巧结合到自己的备课中，深入浅出地为同学们讲解，深受同学们的欢迎。

计亮年先后给本科生主讲过"物理化学""物质结构""配位化学""结晶化学"四门化学基础课和专业课。他用自编的讲义作为课程教材，为多届、多专业本科生授课。学生们对计亮年的高度评价，使他更加踌躇满志。

1962年计亮年与夫人杨惠英在新建的
衡阳矿冶学院教学大楼前留影

《物质结构与络合物化学》教材（上下册，1966年）

《物质结构与络合物化学》习题

为了能够直接阅读外国的书刊，在小学学习日文、中学学习英文、大学学习俄文的基础上，计亮年利用一切休息时间自学了德语。虽然很辛苦，但是阅读外文资料也为他日后的工作奠定了更深厚的理论基础。

1960年3月，中共衡阳矿冶工程学院委员会、衡阳矿冶工程学院授予计亮年"社会主义竞赛运动先进工作者"称号。1964年5月9日，中共衡阳矿冶工程学院委员会、衡阳矿冶工程学院授予计亮年"社会主义建设积极分子"称号。

1960年3月获"先进工作者"称号

1964年5月获"社会主义建设积极分子"称号

计亮年在参加国内学术会议期间,经常到北京、天津、南京等地出差。他主动拜访名师,虚心学习和请教教学、科研问题。在他的成长道路上,先后得到山东大学刘遵宪教授、徐国宪教授、邓从豪教授,北京大学肖伦教授、徐光宪教授、唐有祺教授,南京大学戴安邦教授和南开大学陈荣悌教授、申泮文教授等在学术上和教学上的指导。前辈们给予计亮年很多启发和帮助,协助他解决了许多难题,这些教诲使他受益终生。

1962年,计亮年在衡阳矿冶工程学院晋升为讲师。

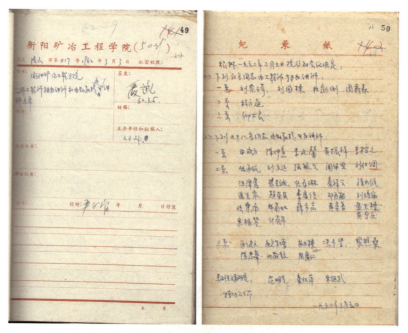

1962年3月5日计亮年在衡阳矿冶工程学院晋升讲师的材料

从1963年9月起,计亮年先后为分析化学专业63届、64届、65届和66届本科生指导毕业论文,每届约指导5名学生。这些学生毕业后,有的被分配到国内原子能研究部门或厂矿,成为国内原子能专家或骨干人才。当年接受他指导毕业论文的学生夏维涛,2017年春节还致电问候计亮年,如今这位学生也80岁高龄了。

当时,新建院校的科研条件较差,按照学校仅有的仪器设备,只能使用极谱法研究配合物稳定性。经过持之以恒的奋斗，1965年，《科学通报》发表了他指导的学生罗金莲、黄国勤的本科毕业论文《镉－吡啶络合物》。这是计亮年学术生涯中第一篇独立指导学生发表的配位化学论文，也是衡阳矿冶工程学院建院六年以来，作为唯一完成单位在国内重要刊物上发表的第一篇学术论文。天道酬勤，尽管条件艰苦，计亮年仍在教学和科研上做出了成绩，受到学院在大会上的表扬。

科学通报，(4)，352-355，1965。

镉－吡啶络合物

計亮年　曹鷰身　罗金莲　黄国勤

（衡阳矿冶工程学院）

镉-吡啶络合物在水溶液中的稳定性，已有不少学者进行过研究[1-7]（表1）。总观上述研究，分歧较大，我们认为有下面三个缺点：第一，有些作者所用配位体浓度不够大；第二，有些作者采用KNO_3作支持电解质，不如用$NaClO_4$好；第三，实验方法和结果处理不够理想和精确。

鉴于上述情况，我们用极谱法重新研究了这一体系。首先按文献[8]所述方法验证了（$0.1M$ Py，$0.1M$ $NaClO_4$，$5×10^{-4}M$ Cd^{++}）体系在滴汞电极上的还原作用为可逆。然后，采用徐光宪等[9]提出的改进方法进行实验并处理数据。在 $μ=0.1$（$0.1M$ $NaClO_4$），温度分别为 $18±0.05℃$、$25±0.05℃$、

表1 关于镉-吡啶络合物的研究工作

作者	实验方法	实验条件				镉离子的累积稳定常数				参考文献
		Cd^{++}的克分子浓度(M)	Py的克分子浓度(M)	离子强度($μ$)	温度(℃)	K_1	K_2	K_3	K_4	
H. von Euler	电位法	—	—	≈0.40	18		50.12			1
J. Bjerrum	电位滴定法	—	—	0.50 (HNO₃)	25	18.62	125.9			2
Douglas	极谱法	$2.08×10^{-4}$	0.4—1 1—2	(KNO₃)	25		138		316.2	3
守永健一	极谱法	$5×10^{-4}$	0—0.871	(KNO₃)	25	25±2	90±10	187±15		4
刘若庄等	电位法	0.01	0—0.3	0.3 (NaClO₄)	20	23±2	118±5	574±15		5
Desai 等	电位法	$1.049×10^{-4}$	0—0.961	0.1 (NaClO₄)	30	18	90	195		6
Поперь 等	极谱法	$10^{-4}—5×10^{-4}$	0.02—0.1	0.5	8 18 25 35 45	108.7 38.4 50				7
		$10^{-4}—5×10^{-4}$	0.3—2	0.5	8 18 25 35 45		666.6 285.7 156.2 666.6 41.6			
本实验	极谱法	$5×10^{-4}$	0—1.326 0—1.195 0—1.384	0.1 (NaClO₄) 0.1 (NaClO₄) 0.1 (NaClO₄)	25 18 35	21.4±0.2 25±0.2 16±0.2	65±1.0 120±2 33±0.5	77±2.5 95±3 40±1.5	30±2 48±3 11±1	

计亮年指导学生发表的论文

1966年，计亮年被中共衡阳地委社教工作总团评为"五好工作队员"，并授予奖状。

1966年1月,中共衡阳地委社教
工作总团授予计亮年的奖状

1967年12月,计亮年的小儿子计晴在上海出生,这给他的家庭带来了欢乐。

2008年10月14日,计亮年参加南华大学50周年校庆,并在校庆论坛上做了学术报告。2018年10月16日,他和夫人再次被邀请参加南华大学60周年校庆。

计亮年被邀请参加南华大学60周年校庆

自1956年大学毕业后,作为我国第一批原子能培养的人才到北京大学技术物理系学习,直到 1972 年离开衡阳矿冶工程学院,他已和核工业建立了浓厚的感情。虽然离开衡阳已有 40 多年了,最近十多年来,计亮年每星期还能收到相关单位中国核工业集团有限公司寄来的《中国核工业报》。

第六节　参加"03045 铜萃取剂"协作研究

　　1966 年 6 月至 1972 年 8 月,学校受到"文革"影响,始终处于停课状态,计亮年及学院职工到"五七干校"劳动。

　　1973 年至 1975 年 9 月,计亮年被借调到广东省有色金属研究院(现广州有色金属研究院)参加"03045 铜萃取剂"冶金部协作攻关项目,取得了显著成绩。

　　1972 年计亮年调入广东矿冶学院(现广东工业大学)。由于广东矿冶学院当时没有开设"配位化学"和"结构化学"课程,正巧冶金工业部广东省有色金属研究院需要进行计亮年所从事领域的研究,他便被借调到该研究院参与研究代号为"03045"的"设计和合成羟肟类萃取剂萃取铜等金属的配位机理"研究的协作攻关项目。当时,为了进行这项研究工作,不论春夏秋冬,计亮年每天都风雨无阻地骑着自行车从住地广州东风五路前往当时位于郊区的广东省有色金属研究院上班,光往返的时间就需要 3 小时。虽然每天都很晚到家,但出于对科研的责任和兴趣,他从来不觉得苦和累。其间,家里两个幼小的儿子都是由妻子照顾,平时她也忙于工作,孩子基本上是散养的。

　　在这四年多时间里,计亮年并没有从广东省有色金属研究院拿过任何报酬,但他对工作非常认真和负责,在研究"03045 铜萃取剂"这个协作项目中做出了相应的贡献,以他为通讯作者的有关铜萃取机理研究方面的论文发表在《化学学报》等刊物,并且在全国萃取会议上作为大会报告论文的有 26 篇。

第36卷 第2期　　　　　化 学 学 报　　　　　Vol. 36, No 2
1978年5月　　　　　ACTA CHIMICA SINICA　　　　　May, 1978

羟肟类萃取剂组成的定量测定*

计 亮 年**

(中山大学化学系)

1972年Ashbrook[1]首先报导了分光光度法测定羟肟萃取剂的含量，我们发现未转化的中间体烷基-2-羟基二苯甲酮在测定羟肟铜络合物的波长范围内也有一个强烈的吸收峰，给羟肟铜的测定带来干扰。1975年，Ashbrook[2]提出用薄层层析分离顺、反式异构体后，用分光光度法进行测定，但方法和仪器设备较繁琐复杂。最近我们报导用中和法测定煤油中的反式羟肟[3]，Ласкорин等人[4]提出用电位法对羟肟进行定量测定，但均未能对羟肟类萃取剂的组成进行定量测定。此外，羟酮的肟化是羟肟类萃取剂生产中关键性的过程，建立β-羟酮的定量测定是控制生产的重要环节，然而有关β-羟酮的简便定量测定法则尚未见报导。

本着毛主席关于"洋为中用"的教导，我们对国外提出的理论和方法，在分析和总结的基础上，提出分光光度-pH法测定羟肟类萃取剂的组成——中间体羟酮、顺反式羟肟及肟化后未转化的羟酮等。

pH法测定羟肟萃取剂中反式羟肟的含量

分别按下列量配制待测样品羟肟萃取剂和硝酸铜的混合液：(1) 0.01M 高氯酸 0.5毫升、1.0M 硝酸钾1.0毫升及水3.5毫升加于5毫升约0.01M 羟肟萃取剂的二氧六环溶液中；(2) 0.01M 高氯酸 0.5毫升、1.0M 硝酸钾1.0毫升及0.02M 硝酸铜 3.5毫升加于5毫升纯二氧六环中。

将上述两份溶液分别用0.5N氢氧化钠水溶液调节pH至4。两部分溶液混合后即发生下列螯合反应：

$$2HR + Cu^{2+} \rightleftharpoons R_2Cu + 2H^+$$

HR为反式羟肟萃取剂。

由于混合前后(温度)、离子强度(0.1M)及溶剂组成(50% V/V 二氧六环)均为恒定的，这就不必考虑反应过程中氢离子活度系数f和离子强度为零时的校正因子U_H^0的变化[5]。当pH逐渐下降即表明反式羟肟分子均已与二价铜形成螯合物，而顺式羟肟分子在酸性溶液中反应却非常缓慢[2]，立即用标定过的约0.05N氢氧化钠水溶液中和螯合过程中所释放出的氢离子，使pH值仍恢复至4。根据待测羟肟试剂的称量及滴定所消耗的氢氧化钠的毫克当量数，就可计算出待测羟肟萃取剂中有效成分——反式羟肟

* 1977年3月23日收到。
** 孔德龙、陈志式、王洁珠、熊兰秀等同志合成了各类型羟肟萃取剂提供研究，并参加部分工作。

计亮年发表的论文

1973—1977年，计亮年参加安徽新桥铜矿、广东恩平铜矿和湖北大冶铜矿等对"03045铜萃取剂"的产业化研究，该技术通过"鉴定会"的鉴定，可应用于工业生产。

1975年全国高校开始恢复招生，中山大学金属系急需"配位化学"和"结构化学"课程的主讲教师，因为计亮年在"03045铜萃取剂"研究中取得的显著成绩，且当时广东矿冶学院开设了这两门

课程,经广东省高教厅推荐,他被作为人才引进中山大学。这给计亮年创造了从事交叉学科研究的机会,并为他提供了走上生物无机化学学科研究的平台。从此他持续研究配位化学,以后又发展到研究生命体系中的配位化学(即生物无机化学),且着重研究三种金属酶体系。

1997年11月18日,计亮年回广东矿冶学院主持由该校主办的中国化学会第六届多元络合物分析应用学术会议,并做了创新人才成长方面的报告。

1997年主持在广东矿冶学院召开的学术会议(一排右五为计亮年)

第三章 抓住机遇发展生物无机化学新兴学科

调入中山大学后，中山大学给计亮年的事业发展提供了一个多学科交叉方法研究的环境。改革开放后，教育和科研的加快发展又给他带来了发展新兴学科——生物无机化学的好机遇和好平台。

第一节　发展生物无机化学新兴学科

从1975年开始，计亮年除了在教学第一线为学生同时主讲多门化学基础课和专业课之外，还一头扎进发展新兴交叉学科——生物无机化学的研究。

1975年9月，计亮年被中山大学金属系作为人才引进，他们全家都很高兴。该系建于"文革"时期，其师资和设备都很缺乏。1978年，金属系的化学学科并入化学系。化学系无机教研室老教师杨燕生教授、黄坤耀教授对周围的青年教师都很关心，同事间也很团结，使计亮年一直有机会站在教学第一线。要想快速打开局面，辛苦是必然的。

计亮年主讲多门课程。1979年，作为讲师的他主动承担同一个学期为本科生和研究生主讲"配位化学""结构化学"和"络合物研究方法"三门基础课和专业课的教学工作。当时计亮年住在校外的广州东风五路，他清晨就离开家，骑一个多小时自行车，经过海珠桥到学校赶上午8点钟的第一节课，上午连续四节课分别给学生讲"结构化学"和"配位化学"两门课程，下午到实验室做研究。第二天继续给研究生讲授"络合物研究方法"课程。当时该课程在国内是一门未曾开设过的新课程，教材由计亮年和山东大学樊悦朋教授合编。他全力以赴，回报也同样令人惊喜，计亮年成为当时化学系教学超工作量最多的教师之一。时任化学系副系主任莫金垣教授得知后，很关心他，主动到学校总务处为他在校内荣光堂申请了一个用于中午休息的床位。

1975年9月计亮年调入中山大学后，
在广州一家人与内弟杨志贤合影

20世纪80年代初，中山大学化学系无机化学教研室部分师生留影（二排左一为杨燕生、左三为计亮年、左四为黄坤耀）

40多年过去了，听过计亮年讲课的"老学生"在路上遇到他时，对于当年的情景至今还记忆犹新。学生们被他渊博的知识和深入浅出的教学方法所感染，即使是对化学不感兴趣的学生，在计亮年的课上也会挺直腰杆认真听课。陶行知曾说过："要想学生好学，必须先生好学。唯有学而不厌的先生才能教出学而不厌的学生。"计亮年便是这样一名在教学上深受学生欢迎的、言传身教的好教师。

从1975年起，计亮年在中山大学组建团队开始研究生命体系中的配位化学，即生物无机化学。这使中山大学在当时成为该领域全国最早的研究单位之一。在此期间，除了继续研究溶剂萃取铜、钴、镍等金属离子的配位机理外，他还敏锐洞察到将金属配合物模拟作为金属酶的活性中心并用于工业医药生产是一项热门研究。于是他开始研究β-二酮类金属配合物作为模拟血红素酶的载氧机理，并多次应邀在国际会议上做报告。

1977年，他获得中山大学授予的"科研积极分子"称号；1978年，被中山大学评为先进工作者。1978年3月18日，全国科学大会在北京召开，计亮年参与的广东省有色金属研究院"03045铜萃取剂"协作研究攻关项目，使中山大学荣获国家科委授予的"全国科学大会奖"（第二完成单位）。同年，他被遴选为校内第一批重点培养教师。1979年，广东省科学大会授予他"科学技术工作先进工作者"称号。

1979年，广东省科学大会授予计亮年"科学技术工作先进工作者"称号

1981年3月8日，经夏敬谋、杨学强两位同志推荐，计亮年加入了中国共产党。从庄严宣誓的那一刻起，他决心以一名共产党员的最高标准要求自己。此后四十载，他的确也是这样做的。

除了勤奋、认真、毅力和机遇外，计亮年还认为一个人的成功，不仅要靠智商，还要靠情商。无论是过去当院长，还是今天的院士，威严、架子在他身上从未看到过。他强调要多关心别人，人家好就等于自己好。对人好一定会有好报，即使没有回报，自己心里也高兴，说明自己帮助了人，而且有能力帮助人。也许就是这种"人家好就等于自己好"的君子风范，才成就了今天的计亮年。无论是谁，他都以宽宏包容的态度对待，每个与计亮年接触过的人，无不被他宽容和蔼的态度所感染。因此，他也被中山大学的教师称为"平民院士"。

计亮年爱惜人才，特别是作为学术领导，他总强调心胸要非常开阔，并且希望自己的学生、周围的同事都比自己强，能超越自己。在他的教学生涯中，计亮年从内心深处关心学生，认真上好每一节课，做好每一场学术报告。对事业的不懈追求，对学生思想素质的关心，以及对学生在学术上的严谨态度，使他后来德厚学博，桃李满园。他先后主讲11门化学专业课和基础课程，并培养了100多名硕士和博士研究生。

第二节 与美国同事合作，共同发现了"茚基动力效应"

1982年10月至1983年11月，计亮年赴美学习。在美国期间，在美国导师巴索罗院士的指导下，计亮年刻苦学习，并取得了突出成绩。他和导师以及同事 Mark. E. Rerek 三人共同发现了"茚基动力效应"，给美国的同行留下了深刻印象。

1982年10月,计亮年已年近半百,由于获得中山大学推荐、受教育部公派,并由南开大学陈荣悌院士大力引荐,他告别妻子和儿子,远赴美国西北大学学习,跟随美国科学院院士、"无机化学之父"、国际著名配位化学家弗瑞德·巴索罗院士(Fred Basolo)学习。留美期间,计亮年几乎没有休息日,每天痴迷于研究。

由于他在美国研究的是化学反应动力学,因此要用红外光谱定时测定反应物的浓度变化。刚开始反应时,测定时间间隔很短,仅几分钟就要测一次;然后测定间隔时间逐步延长;最后可以每隔几个小时测定一次。为了避免与其他使用者在时间上发生冲突,造成数据不准确,计亮年就与他人错开使用时间。当年他的年龄已接近50岁,但他经常冒着美国西北寒冬的大雪,凌晨四五点就独自步行到学校的实验室,进行当时在国内从未接触过的、无氧操作真空线合成金属有机化合物及其反应动力学实验。他的手指被冻得发麻,鼻尖被冻得发疼。待同事们9点来上班时,计亮年已把前段测定间隔时间短的数据全部测完了,于是他利用后段测定间隔时间长的机会,抓紧时间去图书馆查资料。在美留学期间,计亮年学习非常刻苦,实验室实行8小时工作制,但他每天都要工作12小时,有时甚至长达18小时,整天泡在实验室和图书馆。他以极快的速度攻克了语言关,如饥似渴地吸

1982年11月中国驻美大使柴泽民与留学生代表合影(右六为柴泽民,右二为计亮年)

收着国外的金属有机化学、配位化学和生物无机化学新知识。此外，计亮年在生活上非常俭朴，国家每月给予他400美元的生活津贴，包括保险费和订报费。导师巴索罗院士对他说："我真想多给你一些生活费，但你们政府规定，薪酬多给了，你要上交的。"导师私下还给某些学生每月100美元补助费。生活节俭的计亮年每个月从生活费中省下一些钱，回国时购买了一台洗衣机。30多年过去了，现在这台洗衣机还在他的家中使用着。

1982年计亮年与导师巴索罗院士在美国西北大学办公室合影

1982—1983年计亮年在美国西北大学做无氧合成真空线操作实验

计亮年记得非常清楚，有一次，时任美国化学会主席的导师巴索罗院士外出开会时，为了赶当天的飞机，不小心将一份文件遗留在办公室。凌晨5点钟巴索罗院士经实验大楼侧门到办公室，路过计亮年的实验室时，听到里面的真空泵发动的声音，巴索罗院士以为是新来的中国留学生晚上忘记关马达了，他就进入实验室准备帮他关掉。但他惊奇地发现计亮年已经在做实验了。他对计亮年说："早上好！"当时计亮年误认为巴索罗院士是搞卫生的清洁工人，这么早就到实验室，于是他头也没抬起来好仔细看他一眼，只是礼貌地回答："早上好！"过了一会，巴索罗院士带着相机来实验室给计亮年拍照，以记录当时中国学者的勤奋态度。

在美国一年的研究期间，计亮年与美国导师及同事合作，首次发现"茚基动力效应"（Indenyl kinetic effect），在 *Organometallics.*、*J. C. S. Chem. Commun.*、*J. Organometa Chem.* 等著名国际优秀刊物上系列性正式发表"茚基动力效应"论文三篇（其中第一作者两篇，第二作者一篇，三篇高质量论文至今被引用超过1000次）。1983年8月，他在第186次美国全国化学会年会上做报告，报告的题目为《有机金属反应的配体取代效应》（*Ligand Substitutuion Effects of Organometallic Reaction*）。当时他还不是美国化学会会员，但会后计亮年收到美国化学会的来信，破格聘请他为美国化学会无机分会国外联系会员。

上述成果为廉价金属锰代替贵金属作为氧化均相催化剂开辟了一条新途径。有人说："这些工作如果给一个博士生进行研究，即使用三年的时间，也不一定能做得像他这么好。"这足以见得计亮年当时的勤奋程度和工作效率。他出色的科研创新能力和刻苦好学的精神深深打动了导师巴索罗院士，巴索罗院士给予了计亮年高度评价。在已出版的巴索罗院士的传记中，计亮年被称为发现"茚基动力效应"的三位贡献者之一。此外，该书还提到"计亮年教授在我实验室的一年研究中，取得了一些卓越的研究结果（some excellent research）"，见原英文版第167页。

2004年5月,香港凌天出版社出版的中文版传记《从克艾洛村到无机化学:一位美国化学家的一生》

在计亮年离开美国西北大学后,1983年9月巴索罗院士还曾专门给时任中山大学化学系系主任林尚安教授写了一封感谢信。信中称"计亮年的研究工作使我极其满意……,由于我在美国化学会担任主席职务,这使我全年的工作非常繁忙,实验基本上是计亮年自己独立完成的。我感到您确实非常幸运有计先生这样一位非常突出的优秀无机化学家,如此出色的一位教师在你们化学系的教职员队伍中……建议您多给他一些机会……"。

巴索罗院士给时任中山大学
化学系系主任林尚安教授的感谢信

计亮年说:"我这一生的亮点之一是进入美国西北大学。"由于学习了西方当时科研方面的先进成果,并把"茚基动力效应"的创新思维运用到日后的研究体系中,他的生物无机化学科研得到了进一步发展。虽然在美国学习的日子不长,但面对国外的先进理论和无氧操作合成等新技术,计亮年如饥似渴,极力吸收知识养分,并通过不断的学习和钻研,迅速掌握了无氧操作合成技术,培养了高水平的研究能力。

第三节 家庭发生重大变故

计亮年的一言一行潜移默化地影响着两个儿子。耳濡目染下,他们自觉、勤奋、刻苦学习。两个儿子在读书期间的学习成绩一直都较好。

1978年,大儿子计明准备参加高考,他为儿子的复习尽心尽力收集资料。有一次他出差上海,凌晨就到福州路新华书店排队购买大儿子高考所需的参考资料。他是一位好父亲。

大儿子计明1982年从广东工业大学工业企业自动化专业本科毕业,后被分配到广州万宝集团工作。由于计明勤奋努力工作,1983年经过万宝集团选拔,计明被公派去新加坡学习。同年9月,计明因劳累过度发烧,去医院检查,却被诊断为"慢性粒细胞白血病",而计亮年当时正在美国进修。为了不影响计亮年在国外的学习,且当时离计亮年预定的11月份回国日期已接近,故夫人杨惠英没有立即将这个消息告诉他,而是她们母子俩独自应对突然遇到的灾难。内弟杨志贤在衡阳工作,特请假到广州照顾大外甥一个多月,外婆也从上海崇明赶过来照顾大外孙。由于外婆心里牵挂着,一路上忙于奔波,老人家急得在路上都没喝一口水。外婆晚上独自摸到中山大学计亮年家中，当时计明看到外婆为了看望自己，像流浪者一样的狼狈情景，感动得热泪直流，当场跪在外婆跟前，久久不肯起来。家人的关心给予计亮年夫人和计明莫大的温暖。

2009年12月，计亮年一家（夫人杨惠英，儿子计晴，媳妇张琳，孙子计远帆）专程回国赴广州养老院探望92岁的外婆

在回国前，计亮年才得知了这个不幸的消息。他崩溃了，心灵受到巨大的创伤，昏头昏脑地在做饭时忘记关掉美国房东家里的电炉，把房东家的桌面都烧焦了。然而，在美国一起工作的单位同事，以及中山大学的领导和单位同事都给予了他极大的关怀，并伸出援助之手。

1983年11月16日，计亮年从美国飞回上海，中山大学化学系无机化学教研室党支部专程派马番老师到上海国际机场迎接他。为了照顾他的家庭，1984年，中山大学黄焕秋校长破例批准将计亮年的夫人杨惠英从广州市内的广东省药物研究所调入中山大学生物系工作。

1983—1986年的三年多的时间里，大儿子计明每星期都要去医院进行常规的血液检查，这成为全家每星期一次的紧张审判，也是一次紧张的精神煎熬。他们心情非常痛苦，检查前一个晚上都无法安眠。计亮年更是万分焦虑、彻夜难眠，他总感觉像是上刑场，有时手脚都发抖，导致人整日坐立不安。每当计明去医院检查，他常常心神不定地提前到中山大学校门口公共汽车站去等候大儿子回来。

1986年9月17日，计亮年的大儿子计明不幸病故。这个时候他正在德国慕尼黑参加1986年国际溶剂萃取会议，被邀请做大会报告，在会议结束后，访问斯图加特大学并做报告。夫人杨惠英扛起家里的一切重担，处理了大儿子的一切后事，在这过程中得到了周围同事的极大关怀和帮助，渡过了难关。

由于计亮年长期工作繁忙，他没有更多的时间去照顾家庭。一个人成就的取得除了靠自身的拼搏外，还需要依靠一个温暖的家。他至今一直对大儿子和妻子有着愧疚之情。妻子几十年来一直相伴在计亮年身边，风雨兼程，携手同行。

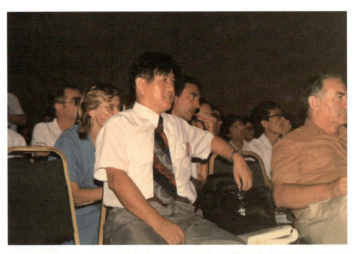

1986年9月11—16日，计亮年出席在德国慕尼黑召开的国际溶剂萃取会议，应邀做题为《二（2－乙基己基）二硫代磷酸加合物中钴的氧化过程研究》的报告

1986年，中山大学生命科学学院成立生物工程研究中心，聘请李宝健教授担任中心主任，计亮年担任中心副主任。李宝健教授和研究中心给予了他很大的关怀。由于学校开始实行教师编制和研究项目经费与任务挂钩，他夫人所在生物系的微生物研究组没有科研编制。1987年，在时任校长李岳生教授的关怀下，学校破例将他的夫人从生物系调入计亮年的生物工程中心研究组工作。

1986年9月11—16日,计亮年出席国际溶剂萃取会议期间,应邀在斯图加特大学做题为《细胞色素P450模拟酶的合成及其对苯羟化作用的研究》的邀请报告,并与同访该校的清华大学汪家鼎教授合影

2006年,中山大学生物工程研究中心成立20周年,与参会者留影(一排右八为中心主任李宝健教授,一排右九为副主任计亮年教授)

今日的计亮年能当选为中国科学院院士,是与中山大学多届领导的关心以及多位老师的精心培养和细心照顾分不开的。从这一刻起,计亮年报恩的思想开始上升到更高层次——个人的存在价值就是为国家和事业做出奉献。

痛失大儿子的那段时间非常煎熬,计亮年无法忘怀。常人难以承受的心理压力,没有把计亮年压垮,巨大的压力反而激发出他的坚韧精神,他以常人难以想象的热情投入工作。当年,除了承担化学系一年级"无机化学"基础课的主讲任务外,他与妻子每天都在实验室拼命地工作。为了走出失去亲人的阴影,他们夫妻俩以单位为家,经常半夜还在实验室做实验。测试中心大楼每天晚上11点关门,有时他们错过了这个时间,大楼的大门已关闭,他俩就只能爬围墙出来。

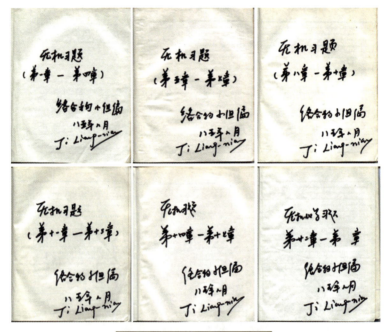

"无机化学"习题(1985年8月编写)

他们夫妻俩将加班当成工作的常态,更将加班当成他们的一种生活方式,如果哪天晚上不去实验室的话,内心总是空落落的。计亮年最可贵的地方恰恰在于其在困境中也没有放弃科学研究,反而以一种饱满向上的积极态度,对生活始终充满信心和希望。

1984年,计亮年全家过春节
(左起:岳母、夫人杨惠英、计亮年、小儿子计晴、大儿子计明)

1985年5月,美国化学学会主席巴索罗院士
来中山大学讲学,专程到计亮年家中探望

20世纪90年代初,瑞士巴塞尔大学海莫塔·雪格尔(Helmut Sigel)教授访问中山大学,商讨中瑞两国生物无机化学领域的国际合作项目,与中山大学生物无机化学研究团队留影(一排左五为海莫塔·雪格尔教授,二排左七为计亮年)

自1975调入中山大学至今的40余年中,计亮年一直重视和提倡交叉学科的研究方法。他是以配位化学的理论和研究方法去研究生物体系中的配位化学问题、进行交叉学科(生物无机化学)研究的国内最早一批学者之一。自1975年起,计亮年创建的中山大学生物无机化学研究团队始终将在解决当今人类面临环境、能源等危机中具有重要应用前景的金属酶化学应用作为研究对象。他把眼光定格在不同学科之间的交叉与融合,瞄准了国际上刚刚兴起的"生物无机化学"这个边缘学科。

 努力攀登科学高峰

从1975年至今，计亮年在新兴学科领域努力攀登科学高峰，在多方面取得了可喜成绩。他用多学科交叉研究方法，先后在细胞色素P450单加氧酶模拟、天然过氧化物酶修饰、核酸酶模拟三种酶体系三个方面建立了相应的研究团队，并取得重大突破。

第一节　在碳氢化合物催化氧化机理和应用探索研究方面的突破

计亮年在碳氢化合物催化氧化机理研究方面的突破，主要集中在金属卟啉配合物作为模拟细胞色素P450单加氧酶对碳氢化合物催化氧化机理研究方面。细胞色素P450单加氧酶广泛存在于生物体中，属于亚铁血红素蛋白家族，因其在450纳米处有特殊吸收峰而得名。作为单加氧酶的一类，细胞色素P450在哺乳动物的肝脏和肾脏中催化氧化各种有毒有机物，后成为亲水化合物，促使其能溶解于水，经尿液排出体外来解毒。而要将这一生物体内常温常压下的氧化反应推广到工业上，需高温高压碳氢化合物的氧化工艺，这一直是化学家梦寐以求的目标之一。计亮年敏锐地感受到这是未来能源发展的一个重要方向。

从1983年起，计亮年与研究团队一起系统地开展了铁、钴、铜等卟啉配合物模拟细胞色素P450单加氧化酶活性中心催化氧化碳氢化合物的机理研究。该研究方向在1984年首次获得中国科学院科学基金（国家自然科学基金前身）的资助。

30多年来，他与研究团队（黄锦汪、曾添贤、林的的和杨学强等教授）共同指导多届硕士、博士研究生，合成和遴选出11个系列共200多个尚未见报道的新的铜、铁、钴等金属卟啉配合物。首次系统地探索了每一类合成的金属卟啉配合物取代基性质、轴向配体、中

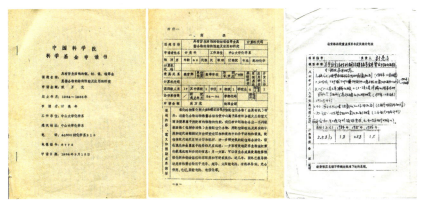

1984年中国科学院科学基金申请书"具有仿生活性的铜、钴、镍、锰等金属螯合物的结构性能及应用的研究"（1984—1986年）

心配位各种金属离子及周围蛋白环境改变模拟等十多种因素变化影响酶活性的规律。在此基础上，提出了轴向配体活化细胞色素P450模拟酶的作用机制。从1986年至今，计亮年先后应邀在多个国家召开的重要国际学术会议以及国内外高等学校学术交流活动上就金属卟啉作为细胞色素单加氧酶理论研究做主题报告30多次。

1984年11月，计亮年出席在武汉召开的全国第一届生物无机化学学术讨论会，应邀做题为《四［4-三铵基苯卟啉含铁（Ⅱ）］络合物的合成及热力学性质》的报告（二排中间为导师戴安邦院士，二排右三为计亮年）

1986年9月,计亮年赴德国法兰克福大学应邀做题为《细胞色素P450模拟酶的合成及其对苯的羟化作用研究》的报告,会后与该校汉斯·贝克(Hans Back)教授在实验室进行学术交流

1997年4月10—14日,计亮年出席在南非开普敦召开的第四届国际应用生物无机化学会议,应邀做题为《铁和无金属卟啉二聚体的构型平衡,以及它对环己烷的催化羟化作用的影响》的主题报告,并与参会者合影(四排左二为计亮年)

1986年6月30日，在上海交通大学召开的中国石油化工生物工程学术讨论会上，计亮年应邀做大会报告，报告题目为《细胞色素P450模拟酶合成及其应用常温常压下催化苯氧化苯酚、环己烷氧化环己酮的研究》。在这一大会报告中，计亮年提出用金属卟啉作为催化剂仿生细胞色素P450模拟酶活性中心，用于苯氧化为苯酚、环己烷氧化为环己酮的生产工艺。该工艺得到了参加会议的中国石油化工总公司技术部门领导的重视。1987年，在中国石油化工总公司重点研究项目（聚酰胺开发中心立项）——小分子氧配位活化理论应用于湖南岳阳石油化工总厂环己烷氧化环己酮生产过程工艺改造项目的支持下，计亮年在国内外最早报道和提出了以金属卟啉为细胞色素P450模拟酶活性中心作为催化剂，在常温常压下实现了高效活化氧分子，并在常温常压下实现了催化底物环己烷氧化环己酮。

在教学之余，他不仅要组织团队从理论和实验两方面研究细胞色素P450模拟酶活性中心结构、功能和作用机制之间的规律性，还要学习和探索不太熟悉的环己烷转化为环己酮化工产业化的途径，千头万绪，容不得半点马虎和疏忽。

计亮年的研究团队与岳阳石油化工总厂技术人员一起，在国内外首次探索将实验室取得的研究成果应用于环己烷氧化环己酮工业生产的工艺改造中。虽然有了创新的明确目标，也有明确的探索途径，但由于当时中山大学无机化学教研室初建不久，无机化学是当时化学系薄弱的学科之一，科研设备方面更是一穷二白。无机化学基础实验室连最常用的研究仪器设备都很缺乏，只有几件无机化学基础课使用的简单教具。除了天平和pH计外，测试环己烷样品和产品分析的气相色谱仪等常用的仪器都没有。直到1988年，在化学系副系主任谢颂凯教授的关怀下，计亮年和他的团队才拥有了一台从有机化学教研室调来的、有机化学专业学生做实验淘汰的气相色谱仪。更使他感动的是，1989年物理化学教研室陆志刚教授调去汕头大学担任系主任工作时，留下了一台新的国产气相色谱仪，由科研处的蔡礼义和汤振球两位副处长亲自将这台仪器直接抬到计亮年实验室供他使用。

谈起该项目起步阶段窘迫的情景，计亮年记忆犹新。幸运的是，在那个最困难的时期，他得到了当时中山大学历届领导和同事们的鼓励和力所能及的无私帮助，这令他至今难忘。

全国院系调整时，中山大学的化工专业并入华南理工大学，研究团队中既无化工专业人才，也无基本的化工仪器设备。当时在中山大学无机化学教研室没有进行该项目产业化的研究条件，巧妇难为无米之炊。在这样的窘境下，为了不耽误该项目科学研究的进展，1990年计亮年毅然决定放弃在岳阳石油化工总厂用金属卟啉作为环己烷氧化环己酮的仿生催化剂的产业化研究方向。随后中国石油化工总公司将该项目转交至湖南省内化工技术力量雄厚的湖南大学化工系，由其与岳阳石油化工总厂、中石化巴陵分公司继续合作完成该项目。2003年，湖南大学化工系郭灿城教授和中石化巴陵分公司合作，首次在国际上将绿色仿生金属卟啉改造碳氢化合物氧化新工艺在年产4万吨环己酮装置上进行工业试验获得成功。这是国际上第一次烃类仿生催化氧化的成功工业试验。该项目的成功，节省了能耗，改善了环境，获得了教育部技术发明一等奖。日本、美国、英国等多家国际五百强企业先后来中国考察该技术。这一技术还转让到印度、日本等多个国家，最终实现了工业化，取得了巨大的经济效益。计亮年研究团队在该工艺中是最早提出以金属卟啉作为催化剂的，并为该工艺的成功发挥了理论上探索的先导作用。

2007年，中山大学化学与化学工程学院引进了化工专业方向的纪红兵教授，他是科技部中青年科技创新领军人才、"长江学者"，他在中山大学独立领导仍然以金属卟啉作为细胞色素P450模拟酶对碳氢化合物氧化的研究团队，使中山大学在该方向又重新取得重大进展。该团队在仿生催化氧化的基础研究上，开展和丰富仿生催化氧化的基本理论和方法，并推进仿生催化氧化技术的产业化和应用。后来，在该团队基础上，又成立了中山大学精细化工研究院，有助于推动我国羟类仿生催化氧化基础研究进入国际前沿水平。2012年8月，计亮年被聘为该研究院顾问。

目前，山东淄博已建立了仿生催化氧化的中试装置（300吨/年），进一步实现了仿生（模拟细胞色素P450单加氧酶活性中心的结构金属卟啉）催化环己烷氧化制备 ε-己内酯的连续化中试工艺。该工艺技术具有安全、绿色、低能耗等特点，具有完全自主知识产权，填补了国内外相关技术的空白。

第二节　对修饰天然过氧化物酶进行分子改造

化学工业为人类的物质文明做出了巨大贡献，为人类创造了许许多多的物质，但是同时又给环境制造了污染。石油化工原料生产的不可持续性导致石油化学工业经济的不可持续且环境污染严重。目前，全球各个国家都在寻求可持续发展的物质制造方式和工艺方法。随着生物技术的发展，生物制造可以以自然界广泛存在的生物为原料，可持续地制造出人类所需要的各种物质。为此，各国政府及业界都将化学品的生物制造作为经济可持续发展的重点领域给予支持。近年来，连巴斯夫、杜邦等全球著名化学品公司也在大力发展生物基化学品的生物制造事业。

20世纪80年代，在计亮年的倡导下，中山大学生物工程研究中心设立了石油化工产品生物工程实验室，在国内最早开始从事生物制造化学品的研究。经过多年的潜心研究，团队人员加班加点努力工作，终于解决和攻克了黑曲霉耐高浓度金属离子的关键问题，成功实现了黑曲霉发酵葡萄糖一步法生产葡萄糖酸盐，从实验室研究发酵葡萄糖生产葡萄糖酸盐到中试和放大，再到工业化生产。

近十余年来，项目结合模拟酶研究，在金属离子对细胞生长、代谢、金属酶生物合成的调控机制方面，成功解决了黑曲霉在高浓度金属离子环境下难以生长的难题。该独立研制的生物工程发酵新技术可在常温常压下一步将葡萄糖发酵成葡萄糖酸盐系列产品（葡萄糖酸锌、葡萄糖酸镁、葡萄糖酸锰、葡萄糖酸钠、葡萄糖酸钙或葡萄糖酸

计亮年团队在实验室进行葡萄糖酸锌的中试试验
（团队成员：杨惠英、翁丽萍、刘建忠、鲁统部）

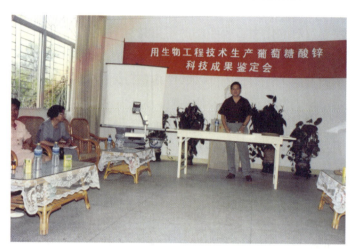

1994年5月20日，计亮年在广东省高教厅"用生物工程技术生产葡萄糖酸锌"科技成果鉴定会上做工作汇报

内酯等）。该技术已于2000年获得三项国家发明专利。葡萄糖酸锌、葡萄糖酸镁、葡萄糖酸锰和葡萄糖酸内酯等产品已通过国家食品添加剂标准技术委员会的评审，同意将其列入国家食品添加剂使用卫生标准（GB 2760—1996）。该技术成果于2005年起已实现产业化，在山东欣宏药业有限公司和佛山市瑞安建材科技有限公司建立了当时两条国内最大的发酵法生产葡萄糖酸盐的生产线（年产1.5万吨），实现

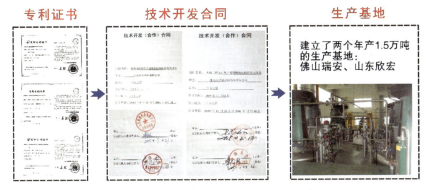

发酵法生产葡萄糖酸盐技术成果产业化

了金属酶的化学基础理论在金属酶工程的技术应用。该项目于1999年获得教育部科技进步奖（发明类）二等奖（计亮年为第一完成人）；理论成果作为主要成果之一获得了2011年度广东省科学技术奖一等奖和2012年度国家自然科学奖二等奖。

萜类是一类含异戊二烯的烃类及其含氧衍生物，是自然界中数量和种类最为丰富的天然产物，约22000种，占所有天然化合物的60%。许多萜类化合物具有重要的生物活性，如抗氧化的番茄红素、玉米黄素和虾青素等类胡萝卜素，抗疟疾的青蒿素、抗肿瘤的紫杉醇，航空燃料砝码烯、柠檬烯、蒎烯和红没药烯等。生物碱是存在于生物体内的一类含氮的碱性有机化合物，目前已知的生物碱达到130000个，并以每年超过1500个的速度不断增加。大多数生物碱都具有良好的生物活性，常作为药用天然产物。为此，在计亮年早期实验室研究的基础上，2001年博士毕业的刘建忠教授接替他的工作继续该研究方向，结合现代学科的发展方向，建立了国际先进的代谢工程、合成生物学及系统生物学相结合的微生物分子育种技术平台；构建了多个达到国际领先技术水平的萜类（番茄红素、玉米黄素、虾青素等）、酪氨酸衍生物生物碱（莽草酸、多巴、酪氨酸等）天然产物的基因工程菌，为微生物发酵合成萜类和生物碱的产业化奠定了良好基础。研究成果发表在该领域顶级刊物《代谢工程》（*Metabolic Engineering*）上，并获得了多项发明专利。

第三节 在钌多吡啶配合物作为人工核酸酶研究方面的进展

在科研方面，除了20世纪六七十年代间断性地研究配合物的稳定性和用配位化学方法研究金属溶剂萃取机理外，计亮年在近四十余年的探索中，特别是1983年从美国回国后，他把"茚基动力效应"中使用推电子基团和拉电子基团提高催化效率的方法推广到研究金属酶体系中，始终不懈探索金属酶（包括细胞色素P450单加氧酶、过氧化物酶和核酸酶三种酶体系）的化学模拟及其构效关系，在研究中取得了重大突破。

一、核酸酶在DNA/RNA生物大分子结构识别及其生物功能的调控方面的成果

20世纪80年代后期，计亮年研究团队在国内率先开展钌多吡啶配合物作为人工核酸酶方面的研究，建立和发展了金属钌的生物无机化学基础理论。他的研究团队还在国际上开辟了一大类咪唑并邻菲罗啉型配体的新合成路线。通过分子裁剪和功能化衍生等手段，设计了12条新的有机杂环合成路线，合成出100多个结构新颖的多吡啶类配体和500多个尚未见报道的金属钌多吡啶配合物；通过热力学、动力学、理论计算（例如密度泛函方法）和其他多学科交叉研究方法，对合成的每一类钌配合物，从主配体取代基的推拉电子转移性质、取代位置、共轭面积、内氢键、辅助配体结构及配合物手性等十多个因素入手，系统完整地报道和总结了这些配合物的结构改变对DNA键合的调控规律，提出通过改变上述影响因素从而改变配合物与DNA

的选择性键合模式和键合强度，并以此调控钌配合物的生物功能。

在此基础上，团队研究钌配合物的应用方向，建立了若干基于钌配合物的 DNA 结构体系；拓展新型 DNA"分子光开关"钌配合物、构建光断裂 DNA 的钌配合物体系；发现和报道了若干能抑制核酸酶的抗肿瘤钌配合物，研究对象由常见的双螺旋 B 型 DNA 扩展至双螺旋 Z 型 DNA；进一步研究 G-四联体 DNA，以及与 DNA 构型相关的端粒酶抑制剂、拓扑异构酶抑制剂。此外，研究团队还发展了系列 DNA 载体；在国际上首次发现钌配合物的 Λ 异构体插入 B-DNA 的速度比 Δ 异构体快，二维核磁共振进一步证明这是由于 Λ 异构体插入在 DNA 大沟表面，而 Δ 异构体则插入在 DNA 大沟中；首次在国际上提出两者与 DNA 作用引起动力学差异的原因。

后来，由于计亮年年事已高，退居二线，该方向的研究由他指导的早期毕业的博士生巢晖教授（中山大学化学学院副院长，国家杰出青年科学基金获得者）继续进行。在钌多吡啶配合物作为端粒酶抑制剂方面，2008 年起研究团队报道了一例能够诱导并稳定 G-四联体结构的双核钌多吡啶配合物，随后对钌配合物能够稳定 G-四联体这一性质做了进一步发挥，探索其作为靶向人端粒 G-四联体的端粒酶抑制剂的可能性。2010 年，研究团队又报道了两个三核钌多吡啶配合物 $[(bpy)_6Ru_3(tpbip)]^{6+}$ 和 $[(bpy)_6Ru_3(tptaip)]^{6+}$。研究表明，这两个配合物能够显著诱导人端粒序列 DNA 转变为 G-四联体结构，并且能稳定这一结构。这是国际上第一例多核钌配合物与人端粒 G-四联体相互作用的报道。随后，研究团队先后报道了一系列靶向人端粒 G-四联体的钌多吡啶配合物，并将研究体系从体外溶液状态下的相互作用研究扩展至细胞，验证了配合物可以通过诱导端粒序列形成 G-四联体结构从而抑制端粒酶的活性，抑制了由于端粒酶过度表达的肿瘤细胞的生长，同时避免了对正常细胞的毒性侵害。

2007—2008 年，研究团队利用钌多吡啶配合物与 DNA 相互作用的优势，针对拓扑异构酶抑制剂方面开展了系列研究，发现了一些钌多吡啶配合物对 DNA 拓扑异构酶 II 具有明显的抑制效果。但随后的研究发现，针对 Topo II 的选择性抑制剂，可以引起 Topo I 的过度表达，从而使药物失效。此外，一些靶向 Topo Ⅱ 的药物在治疗中可以诱发二次恶性肿瘤。因此，设计具有 Topo Ⅰ 和 Topo Ⅱ 双重抑制活性的药物是解决这一问题的有效途径之一。2011 年，研究团队报道了两个新型的钌多吡啶配合物 [Ru(bpy)$_2$(bfipH)]$^{2+}$ 和 [Ru(phen)$_2$(bfipH)]$^{2+}$。实验表明配合物通过插入 DNA 碱基对之间，能较好地稳定拓扑异构酶与 DNA 结合形成的中间产物，或阻止拓扑异构酶与 DNA 的结合，同时对 Topo Ⅰ 和 Topo Ⅱ 都具有抑制活性的作用。这是首例对 DNA 拓扑异构酶 Ⅰ 和 DNA 拓扑异构酶 Ⅱ 双重抑制的金属配合物。随后，从 2012 年起，研究团队进一步报道了多个系列的基于钌多吡啶配合物的 Topo Ⅰ 和 Topo Ⅱ 双重抑制剂，并将工作从体外扩展至细胞甚至活体动物，对配合物的结构、拓扑异构酶抑制能力、抗肿瘤活性之间的构效关系进行了初步探讨。

2009 年，研究团队设计合成了两个新型的钌多吡啶配合物。首先，利用配合物插入到 DNA 碱基对中，对 DNA 的骨架带来不同程度的扭曲，为 B→Z DNA 构象转换提供了可能。其次，金属中心的阳离子减弱了 Z-DNA 磷酸骨架间的静电排斥力，非共价键的协同作用最终导致实现 B→Z DNA 的构象转化。同等条件下，这两个配合物诱导 DNA 发生 B→Z 构象转变所需的浓度仅为金属离子 Na$^+$ 所用量的百分之一。研究团队还发现钌多吡啶配合物能诱导小牛胸腺 DNA 发生 B→Z 构象变化，且具有很高的热稳定性，这对 Z-DNA 的研究具有重要意义。

之后又报道了首例能够诱导 DNA 缩合的钌(Ⅱ)多吡啶配合物 [Ru(bpy)$_2$(PIPSH)]$^{2+}$ 和 [Ru(bpy)$_2$(PIPNH)]$^{2+}$。体外研究表明，配合物以插入 DNA 碱基对的方式与 DNA 作用并富集在 DNA 上，通过中和 DNA 磷酸骨架上的负电荷，引起的 DNA 弯曲，导致了圆环体状缩合物的生成。凝胶阻滞、原子力显微镜、动态光散射等实验表明，配合物在低浓度（20 μM）条件下能够有效诱导 DNA 缩合，其用量仅为传统 DNA 缩合试剂 Co(NH$_3$)$_6^{3+}$ 的 1/50。

2013 年，研究团队又发展了一例四核钌多吡啶配合物 {Ru[(bpy)$_2$Ru(H$_2$bpib)]$_3$}Cl$_8$，通过提高配合物的电荷，使其能够更加有效地诱导 DNA 缩合（所需浓度降低至 2 μM），成功实现了外源性荧光蛋白在细胞内的表达，其转染效率优于现有的商用脂质体DNA载体。除此之外，利用钌多吡啶配合物具有丰富光物理性质的特点，实现了对转染过程的实时监控，是首例能够实现基因转染并对该过程进行实时监控的新型DNA载体。荧光实验证明，DNA具有分子导电性质。团队与中山大学郑康成教授合作首次引入密度泛函理论计算它们的电子能级，提出了"电子驱动力"的新概念等，揭示了传统生物学难以发现的新规律。

二、金属抗肿瘤药物研究

2014年，研究团队又进一步拓展了研究应用体系，发现碳负离子取代常见的含N杂环，与金属中心Ru配位能有效地调控钌配合物的脂溶性。通过ICP-MS、商用染料共染等实验证实，可以顺利实现Ru-dppz配合物靶向细胞核。2015年，在基于前期端粒酶抑制剂、拓扑异构酶抑制剂的研究基础上，研究团队又发展出具有多靶点抑制肿瘤活性的钌配合物$[Ru(bpy)_2(icip)]^{2+}$，可以同时对端粒酶、拓扑异构酶Ⅰ/Ⅱ进行抑制，表现出很强的抗肿瘤活性。此外，课题组还设计合成了环金属化钌蒽醌配合物，研究表明这类配合物对厌氧细胞表现出很强的细胞毒性，比顺铂强46倍。机理研究证实配合物通过损伤DNA、诱导线粒体功能失调、干扰DNA分裂和抑制HIF-1表达等多种途径诱导肿瘤细胞凋亡。

2015年至今，研究团队还设计合成了多个环金属铱（Ⅲ）配合物，在实现了其线粒体靶向的基础上，研究发现配合物能有效诱导一系列线粒体相关的事件。体外抗肿瘤活性研究表明，配合物对正常细胞和肿瘤细胞具有显著的选择性。ICP-MS实验表明配合物通过扩散方式进入正常细胞，而肿瘤细胞通过内吞途径摄取配合物。摄取方式的不同，导致配合物在肿瘤细胞内的浓度远高于正常细胞，从而实现了对正常细胞与肿瘤细胞之间的选择性。

三、生物成像试剂研究进展

团队通过将具有双光子荧光的钌（Ⅱ）配合物与金纳米材料嫁接，研发出光热转换效率高、光热稳定性好、生物相容的新型光热疗（PTT）纳米复合材料 Ru@AuNPs。通过具有双光子荧光示踪和光动力疗效的钌（Ⅱ）配合物和单壁碳纳米管的有机组装，研发出荧光示踪、光动力疗（PDT）和光热疗相结合的多功能纳米复合材料。这些材料都能有效地应用于肿瘤细胞体内的荧光成像、光动力疗法和光热疗法，并进一步有效地杀伤小鼠体内移植瘤，获得多种生物活性物质检测的荧光探针。研究团队利用线粒体靶向性金属铱配合物引入 HClO 识别基团马来腈获得了系列靶向线粒体 HClO 的荧光探针。利用金属铱配合物的线粒体靶向性，引入邻位二胺基团作为 NO 的识别基团，构建了以 2-苯基喹啉为辅助配体的具有高量子产率、大双光子吸收截面和 NO 特异选择性的配合物探针。

研究团队构筑了以偶氮基团为桥联配体的双核金属铱配合物，利用 SO_2 及其衍生物 SO_3^{2-} 与偶氮基团的专一性反应，获得线粒体 SO_2 及其衍生物 SO_3^{2-} 的荧光探针。上述系列成果发表在 *Angew. Chem. Int. Ed.*、*Chem. Sci.*、*Biomaterials*、*ACS Appl. Mater. Inter.* 等国际著名学术期刊。

研究团队还利用蒽醌基团易被还原的特点，构建了一类基于钌醌配合物的乏氧双光子荧光探针。研究表明，配合物进入乏氧细胞后，酮基被线粒体中 NADPH 还原性辅酶还原为羟基，使配合物的荧光大大增强。该配合物在常氧—乏氧循环条件下表现出可逆荧光变化，并被成功应用于 3D 细胞球和模式动物（斑马鱼）的乏氧显像诊断。在此基础上，结合线粒体靶向探针的设计，通过更换金属中心及辅助配体，调控配合物的电荷数，改变配合物的亚细胞器靶向性，获得了一系列具有对线粒体特异性和双光子荧光性质的铱配合物，是国际上首例特异性针对乏氧条件下细胞中线粒体形态变化的示踪探针（*Chem. Eur. J.*, 2016, 22: 8955–8965）。

研究团队在上述三个领域取得了一系列创新性研究成果，为钌配合物作为生物大分子结构探针和治疗药物的潜在应用奠定了坚实的理论基础。研究团队在钌配合物的核酸酶领域进行了深入系统的研究，集中发表了该方向的系列代表性论文300余篇，被引用超过8000篇次，成为从分子水平研究到细胞水平研究，从基础理论研究到实际应用研究，研究范围最广的全球三个主要课题组之一。目前，在各种基金支持下，国内已发展到有十多个研究单位跟随这方面的前沿热点课题进行研究。

从1994年至今，在国内外二十多个国家和国内高等学校召开的重要学术会议上，该研究团队成员之一的计亮年应邀做钌配合物在核酸酶领域的大会报告达60多次。2008年8月，在美国费城召开的第236次美国化学会全国年会上，他作为中国生物无机化学领域的代表做以钌配合物方面研究成果为主要内容的大会特邀报告。

1990年8月17日，计亮年赴美国西北大学出席第一届巴索罗暨七十华诞国际学术讨论会，担任会议主席，并应邀做题为《$CO^{II}CO^{III}(\mu-OH)_6(\mu-HAc)_2(Ac)$配合物的合成和表征》的大会报告

1998年11月1—4日，计亮年出席在天津召开的第九届大环化学暨首届超分子化学学术讨论会，担任会议主席团成员

1995年9月3—8日，计亮年出席在德国吕贝克召开的第七届国际生物无机化学会议，并应邀做题为《钌多吡啶配合物的合成、表征及其与DNA的相互作用》的报告，此为在国际会议中心与儿子计晴合影

2008年8月17日,计亮年出席在美国费城召开的第236次美国化学会全国年会,应美国化学会的邀请,主持大会报告,并做大会特邀报告

自计亮年在中山大学组建生物无机化学研究团队以来,经历了40余年的发展历程,特别是近二十年来,吸引了一大批优秀青年学者加盟。目前,这些青年学者已成为各课题组的学术带头人,如毛宗万、巢晖、刘建忠等。

四、建立和开展了人工金属酶构建的新方法

计亮年研究团队通过建立和开展人工金属酶构建的新方法,有效模拟了金属酶活性中心、微环境及反应亚稳态结构,揭示了活性中心与微环境的协同效应,在金属酶化学领域研究取得了多项成果。

毛宗万教授于1994年从南京大学博士毕业后加入计亮年团队,做博士后研究工作。1996年,他在博士后出站后留中山大学工作至今。他于2007年获得国家杰出青年科学基金,2011年作为第一完成人获得广东省科学技术奖一等奖,2012年以第一完成人获得国家自然科学奖二等奖,2013年入选"南粤百杰"人才计划并获得"广东

省丁颖科技奖"等荣誉。毛宗万教授团队主要从事金属酶化学、金属药物等方面的研究。计亮年以参与者的身份与该研究团队取得了系列性、创新性的研究成果。

众所周知，人工金属酶一直是探索金属酶构效关系的有效途径之一，但长期以来模拟酶大多不能有效实现其催化功能，主要原因是对酶活性中心微环境的忽略。毛宗万、计亮年研究团队建立和发展了超分子金属酶模拟体系及作用机制，将环糊精功能化并与金属配合物组装构筑了铜锌超氧化物歧化酶、金属核酸酶等新型超分子模拟酶；实现了对金属酶活性中心的微环境构建、底物识别和反应亚稳态结构的多重模拟，揭示了天然酶中金属活性中心与微环境对底物催化的协同机制，建立了用化学合成手段构建金属酶活性中心高级结构的新途径。2006 年，团队在《美国化学会志》（*Journal of the American Chemical Society*，*JACS*）上发表了国内第一篇该方向生物无机化学研究论文。2013 年毛宗万教授应邀在《化学学会评论》（*Chemical Society Reviews*）撰写相关综述。该构建方法也被成功应用于抗肿瘤的 siRNA 基因治疗和化学联合治疗。

五、在金属药物领域取得重要进展

毛宗万研究团队通过构建分子和亚细胞器靶向型的多功能磷光金属诊断一体化抗肿瘤配合物，探索了金属基抗肿瘤药物诱导和程序性细胞死亡的作用机制，在金属药物领域取得了重要进展。毛宗万研究团队根据靶点生物分子结合空腔的三维结构，科学地构思和设计具有分子靶向性的抗肿瘤配合物，将配合物的抗肿瘤机制和光学特性有机结合，改善配合物的水溶性和细胞摄取性质，在细胞水平实现对靶点选择性的抑制，并同时对细胞内生理过程实时诱导和监测，实现诊疗一体化。如以组蛋白脱乙酰基酶为靶点，构建了兼具靶分子抑制活性、成像和光动力治疗功能的磷光金属配合物。又如通过在环金属铱配合物配位环境中引入 pH 响应基团，实现对自噬及光动力治疗过程中溶酶体的专一性示踪，同时综合利用细胞生物学和分子生物学的研究手段，对金属配合物诱导肿瘤细胞程序性细胞死亡的方式和机制进行了深入研究，为发展分子靶向型和多功能诊疗一体化金属抗肿瘤剂提供了思路。这些成果在 *Angew. Chem. Int. Ed.*、*Chem. Sci.*、*Biomaterials* 等国际著名学术期刊发表，多次被 *Chem. Soc. Rev.* 等重要的杂志引用和报道。

第四节　金属酶方向取得的丰硕成果

　　计亮年和毛宗万、巢晖、刘建忠的研究团队在生物无机化学研究领域的成果得到国内外同行的充分肯定，且在国内外具有相当的影响力。他先后应邀在美国、俄罗斯、英国、德国、法国、日本、意大利、泰国、墨西哥、韩国、澳大利亚、马来西亚、新加坡、土耳其、希腊、荷兰、南非、印度、捷克、巴基斯坦、奥地利、匈牙利、西班牙、加拿大等多个国家召开的国际学术会议上做报告 60 多次，产生了较大的影响。在金属酶研究方向于国内外一流刊物上发表系列性论文 800 余篇，论文被他引超过 15000 次，最高单篇他引 203 次，有的论文被 *Dalton Trans* 作为封面文章出版，有的被评为（年度）十佳文章；申请和批准国家发明专利 38 件（其中授权 9 件，已有多件专利技术转让，并实现产业化）。计亮年先后主持和承担国家自然科学基金重点项目和面上项目、科技部"973"项目、教育部和广东省各类科技项目、英国皇家化学个人研究基金以及国际科技合作项目等 50 多项，并得到国内 6 个国家重点实验室的财政支持。

　　1978 年，计亮年被中山大学选为校内第一批重点培养教师。他全力以赴地投入到科研和教学工作中去，在金属酶研究体系方面取得了多个创造性成果，在以钌多吡啶配合物作为核酸酶的研究领域处于国际领先地位。

1978年以前，计亮年除了"03045铜萃取剂"研究成果使中山大学获得全国科学大会奖之外，在金属酶方向的研究成果曾先后获得国家和省部级科学技术奖（第二完成单位）十项：2012年国家自然科学奖二等奖一项（第二完成人），这是国家自然科学奖设奖以来生物无机化学学科第一次获得的奖项；省部级科技进步一等奖三项（一项为参与者）；省部级二等奖五项（一项为参与者）；省部级三等奖一项。2000年国务院授予他"全国先进工作者"荣誉证书；2001年5月中国科学技术协会授予他"全国优秀科技工作者"荣誉称号；2014年4月广东省委授予他2013年度广东省科学技术突出贡献奖；以及2019年9月30日中共中央、国务院、中央军委颁发的庆祝中华人民共和国成立70周年纪念章等荣誉奖十三项。

2012年获国家自然科学奖二等奖
（左起：毛宗万、巢晖、计亮年、刘建忠、鲁统部）

2012年12月荣获国家自然科学奖二等奖
（毛宗万第一完成人，计亮年第二完成人）

2001年5月，中国科学技术协会授予计亮年
"全国优秀科技工作者"荣誉称号

2014年4月29日，广东省委书记胡春华为
计亮年颁发2013年度广东省科学技术突出贡献奖

英国著名科学家贝弗里奇曾说："聪明的资质，内在的干劲，勤奋的工作态度和坚韧不拔的精神，这些都是科学研究成功所需要的条件。"毫无疑问，计亮年之所以能成为化学领域上一股强劲的春风，缘于他聪明的资质、内在的干劲、勤奋的工作态度和坚韧不拔的精神。1989年9月，他当选为英国皇家化学会会员（Fellow of the Royou Society of Chemistry，FRSC），并被授予"特许化学家"（Chartered Chemist）称号。

1983—2000年，计亮年研究团队先后与国内外五个著名的生物无机化学团队进行合作研究。计亮年不仅亲自前往国外向同行学习先进经验，还邀请国外著名专家来华讲学，接受国外访问学者来他的研究组从事研究工作。这在很大程度上推动了中山大学生物无机化学研究工作的进展。团队采用众多学科交叉方法在金属酶研究领域挖掘和探索出系列性的、创新性的成果。

目前，巢晖教授领导的研究团队仅在钌配合物作为核酸酶的研究领域，在国际上重要优秀刊物上每年就有平均25篇左右的论文进行

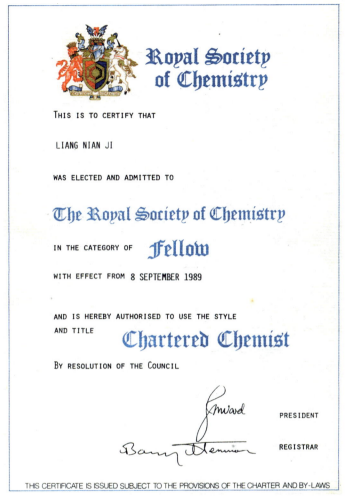

1989年9月8日,计亮年当选为英国皇家化学会会员(Fellow of the Royal Society of Chemistry,FRSC),并被授予"特许化学家"(Chartered Chemist)称号

系列性研究报道。

在金属酶的研究领域取得了重大突破,这不仅在中国是开创性的,在国际上也是不多见的。这不仅受到国内关注,而且在国际上取得公认,使我国在国际生物无机化学领域占有一席之地。因为在生物

无机化学领域的突出贡献，计亮年在 2003 年 11 月成功当选为中国科学院院士。

2003 年 12 月，庆祝计亮年当选为中国科学院院士，
计亮年指导的研究生及他们的团队成员合影

第五章　坚守教学第一线

计亮年从教六十余年，为国家培养了众多化学人才，特别是生物无机化学专业人才，可谓桃李满天下。

第一节　本科生培养

从 1959 年开始，计亮年为本科生和研究生共主讲了 11 门化学基础课和专业课，编写和出版了多部相应的著作和教材。

教育救国的思想，一直潜移默化地影响着计亮年。他十分重视本科教育。他不仅是一名优秀的科研工作者，也是一名出色的教育工作者。在高等学校的教学上，从 1956 年担任北京大学"放射化学引论"实验课助教开始，计亮年就有了正式的教学经历。他把毕生的精力都奉献给了祖国的教育事业，一直以极大热情从事教学工作，并在这个领域默默耕耘了 60 余年。勤奋刻苦、为人正直、言传身教、治学严谨、诲人不倦，从基础课到专业课，从大学本科生课程到研究生课程，从理论课到实验课，计亮年都亲自讲授过。他培养了学生严谨缜密的逻辑思维能力，并深受学生爱戴，对学生的一生都有很大的影响。认真严谨，是计亮年治学生涯中最为重要的品质。他还多次给教育部和中国化学会主办的全国教师进修班学员授课。

此外，自美国回国后，他先后在课程设置上增加了用英语讲授的"无机化合物和配位化合物的红外光谱和拉曼光谱"等多门主干课程，并采取了一系列新措施，使"无机化学"专业课程的面貌焕然一新。

后来，暨南大学的无机化学专业的研究生也来听计亮年讲授的部分课程，"群论"和"无机化合物和配位化合物的红外光谱和拉曼光谱"这两门课程还作为暨南大学学位课程进行考试。当年听课的暨南大学学生刘春元和何庆瑜目前已经是教授和学科带头人了。他们一直认为自己是计亮年的半个学生。

计亮年在美国巴索罗院士实验室学习期间,第一次在国外接触到无氧操作肖赖克(Schlenk)真空线操作技术。为了使国内科技工作者能尽快掌握这种新的合成空气敏感化合物的无氧操作技术,计亮年用节衣缩食省下的钱购买了一本刚出版的 D. F. 雪维尔和 M. A. 德莱兹佐合著的《空气敏感化合物的操作》。回国后,计亮年和兰州大学的史启祯分别组织两个课题组的老师将其翻译成中文,并在 1990 年 6 月由兰州大学出版社出版。该书的出版为当时国内研究者丰富了新型化合物合成的操作技术资料,也促进了当时国内无氧操作合成新技术的发展。此外,他以惊人的毅力较早组织编著了《生物无机化学导论》一书(第一版,1992 年 9 月由中山大学出版社出版),成为当时国内生物无机化学学科教学和研究急需和必读的著作。王夔院士在该书序言中指出:这是一本有中国特色的比较系统的生物无机化学教材。该著作出版后,北京大学张青莲教授、武汉大学刘道玉教授都来信表示想要购买该书,他们说这本书在他们的同事中产生了很大影响。另外,很多国外的大学教授也来信联系,其中,德国的乌尔里希·韦式尔(Ulrich Weser)教授来信提到,该书在他的同事中产生了强烈反响,对学生有很大的吸引力。

该著作第一版于 1995 年获得教育部(教委)全国高校优秀教材二等奖。20 多年来,该书被国内几十所高等学校作为研究生、本科生教材广泛采用。2021 年 3 月,已由科学出版社出版了第四版(毛宗万主编)。

《生物无机化学导论》(第一版,第二版,第三版)

1995年荣获国家教委第三届普通高等学校优秀教材二等奖
(《生物无机化学导论》,第一版)

计亮年已出版著作和译著三部,参编著作四部。他和莫庭焕编写的《化学在生物工程领域面临的挑战》作为一章编入由王夔主编的《生命科学中的化学问题》一书,于1990年由北京大学出版社出版。他撰写的《交叉学科的研究推动了化学学科的发展》作为一章编入由林定夷主编的《科学、社会、成才(一)》一书,于2001年由中山大学出版社出版。巢晖教授和他共同撰写的《钴配合物作为金属治疗药物和金属诊断药剂中的潜在药剂》(*Cobalt Complexes as Potential Pharmaceutical Agents in Metallotherapeutic Drugs and Metal based Diagnostic Agent*) 编入由马塞尔·吉伦(Marcel Gielen)和爱德华·R. T. 泰金(Edward R. T. Tiekin)等主编的《在医学中使用的金属》(*The Use of Metal in Medicine*) 一书,于2005年由John Wiley and Sons Ltd. 出版。计亮年撰写的"生物无机化学"和"生物有机化学与化学生物学"等内容编入为庆祝中国化学会成立八十周年由姚建年主编的《高速发展中的中国化学(1982—2012)》一书。

在日常学习和生活中,他为学生成长创造机会、搭建平台,用实际行动表达了他对我国科教事业发展和人才培养的高度重视。改革开放40余年来,他获得国家和省部级科研奖11项(包括"03045铜萃取剂"获得1978年全国科学大会奖),荣誉奖13项,国家和省部级教学成果奖4项。1997年,计亮年获得广东省教学成果一等奖,同年获国家教委国家级教学成果二等奖。2000年12月30日,宝钢教育基金会理事会授予计亮年2000年度"优秀教师"称号。2001年5月,中国科学技术协会授予他"全国优秀科技工作者"荣誉称号。在2001年中山大学举行的教师节座谈会上,学校党委书记李延保亲自将鲜花献给他以表示对他所取得成绩的祝贺和充分肯定。

1997年1月15—16日,中山大学召开"提高研究生综合素质,培养合格的高层次化学人才"教学成果鉴定会,计亮年在会上做工作汇报

2000年12月30日,宝钢教育基金会理事会
授予计亮年"2000年度优秀教师"称号

2001年5月,中国科学技术协会授予计亮年"全国优秀科技工作者"荣誉称号,中山大学党委书记李延保教授在当年的9月10日教师节座谈会上对此进行表彰鼓励

从1985年起,计亮年还负责主讲化学系本科生一年级的"无机化学"课程,尽心尽力讲好每一堂课。后来该课程由中青年教师龚孟濂、蔡少华接替继续主讲。2018年8月,科学出版社出版了由龚孟濂教授等主编的普通高等教育"十三五"规划教材《大学化学》,作者邀请计亮年撰写该书的序言,并在赠书时在封面写上"感谢您的培养"。1994年,"无机化学"课程被列为广东省重点课程。1998年,"无机化学"课程被教育部列为国家理科基地创建名牌课程。2005年,团队的"激发学生学习兴趣,培养学生创新能力"项目获广东省高等教育教学成果奖一等奖(第五完成人)。这些都是对他及其团队教学成绩的充分肯定。

第二节 研究生培养

从1983年开始至今,计亮年为国家培养了100多名新型学科生物无机化学和化学生物学专业的博士、硕士研究生。

1975年,计亮年调入中山大学金属系,此后他每年指导五名左右本科生的毕业论文。1983年起他获准成为硕士研究生导师,1990年成为博士生导师。这使他可将自己的知识和智慧更直接地传给下一代。他充分发挥学生的创造精神,尽量让他们独立研究,当学生遇到问题时他就和学生一起讨论。他将主要精力花在培养年轻教师身上,并组建了一支结构合理的研究团队。在学术上,计亮年尽心尽力地把知识传授给每一个学生,让他们学有所长、学有所用。在培养研究生时,即使已是年逾花甲,计亮年仍然以身作则,每天早起到实验室指导研究生。对于即将发表论文的学生,他也会耐心、细心地给予指导,一字一句检查学生的论文,并做好批注。

刊登计亮年报道/采访的《广东画报》

计亮年用自己知行合一的人生态度来指导学生,以他的高尚人格来引领学生,向学生展示了如何才能成为一名真正合格的教育者。他始终为学生着想,关心学生的学术成长,苦心栽培后人,希望他们青出于蓝而胜于蓝。不论学生是在学期间，还是在毕业后，计亮年都抓住每一个机会尽量推荐他们去国外深造，以便他们更好地进入国际学科前沿。他推荐了十多名学生在读研究生期间参加国际或境外合作项目研究，推荐了几十名毕业研究生到国外著名大学攻读博士和博士后，还推荐研究组内的十余名教师通过科研合作，先后去香港大学、香港科技大学、瑞士巴塞尔大学、希腊依奥尼亚大学共同指导研究生或做短期访问学者。

1978年，《广东画报》刊登计亮年辅导本科生的报道/采访

计亮年在国外的学生每次回国都要去拜访他,并与他聊聊自己在国外的学习情况,感谢他为他们创造了更好的学习平台和学习机会,使他们在不同领域的岗位上做出了成绩。计亮年重视人才培养,学生们有感而发:我们跟计亮年老师不但学到了许多专业知识,也学会了勤奋敬业和助人为乐的品德。

计亮年在实验室指导研究生

2015年,计亮年及家人从美国飞加拿大旅游,在温哥华机场受到他指导的已毕业的硕士研究生郑颖(左二)及其家人的热情接待

计亮年认为培养学生的目标就是希望学生能超过自己,并竭诚奖掖后学。他还接受青海师范大学、惠州师范专科学校、广东工学院、海南师范大学等高等院校推荐的6名教师来中山大学在他的研究组进修学习,接受瑞士和希腊的两名访问学者到他的研究组做研究。

他的学生遍布海内外,大部分学生的工作都非常出色,有些学生在国外已担任终身教授。出国学生回国后大多成为国内教学、科研的骨干和学术带头人。学生中有不少已成为教授和博士生导师,也建立了自己的生物无机化学研究团队。

他的学生和学生指导的学生已经不是一支队伍,而是一个"阵营"了,已成为一个比较系统、完整、在国内外都具有一定影响力的生物无机化学学科的团体。近年来,他的学生在国际和国内召开的生物无机化学学术会议的出席代表人数上占比很高。计亮年为国家培养了一批学术骨干,造就了一支朝气蓬勃的"生物无机化学"新兴学科科研队伍。

2009年4月17—20日,在河南新乡召开的第十届全国生物无机化学会议,其中计亮年指导的研究生参会代表有42人,占会议代表总数的14.1%

2018年10月18—22日，在南京召开的第十四届全国生物无机化学学术会议，计亮年与其指导的研究生参会代表合影

2017年，计亮年和潘宗光教授、支志明院士共同指导的，作为内地与香港联合培养的1990年硕士研究生吴志丹回中山大学做学术报告。目前她在美国担任国际上最大的医药公司辉瑞（Pfizer）公司国际医学研究科（Internal Medicine Research Unit）的主任。

2010年8月，计亮年与夫人赴美国波士顿访问期间，与家人及旧同事宋彬教授及其夫人，还有硕士研究生吴志丹及其家人合影

计亮年坦言"人生梦想已经实现,此生无憾"。他说起学术传承人时,抑制不住满脸的欣慰之情。他那种爱护人才、殷殷提携的精神永远值得中青年学者学习和铭记。

计亮年说,看到学生在成长,看到事业后继有人,就像自己的科学生命在延伸。作为一名教师,勤于治学,精于所学,他用自己的方式表达着对祖国的拳拳爱心。

作为一名教育工作者,计亮年为化学领域,特别是"生物无机化学"这一新兴学科培养了大批科技人才,带出了一批学科带头人,桃李芬芳。然而,在学生的眼里,他不仅是一名好导师,还像一名好"父亲"。计亮年对待学生就像对待自己的子女,在学习上给予鼓励,在生活上给予关怀和帮助。

他与同事也相处得非常融洽。自1986年起,秘书翁丽萍就在他的实验室工作,30多年的时间里,她协助计亮年做好教学和科研的辅助工作,收集和整理资料,管理实验室的日常事务,并协助他完成在国内外做学术报告的讲稿。生活上,她也给予了计亮年及其夫人照顾。他的一些朋友和院士都羡慕他有这样一个好秘书。计亮年常常跟别人说:有些事情都是相互的,待人好必然有好报。

1986年,秘书翁丽萍送计亮年及夫人杨惠英到白云机场赴上海开会

2014年4月,计亮年被授予广东省科学技术突出贡献奖,计亮年与夫人杨惠英、秘书翁丽萍,以及广东省化学会前理事长罗雄才(1976年计亮年是他的秘书)的女儿罗远芳(广东省教育厅副厅长)在会场合影

计亮年常以自己的人生体验和经历教育学生要尊老爱幼、善待他人、淡泊名利,心中常存感恩和爱心,养成拼搏、奉献、敬业的精神。他呕心沥血、勤勉耕耘,他的严谨与创新体现了一个学者的思想,他的勤奋和正直展现了一个知识分子的风范。由于计亮年对当今下一代教育的关心和支持,2011年和2016年中山大学关心下一代工作委员会分别授予他"关心下一代工作先进个人"和"关心下一代工作先进工作者"荣誉称号。

如今,计亮年桃李满天下。无论工作多繁忙,他仍会与在国内外各个地方工作的学生保持联系,为他们排解工作和生活上的烦闷。一日为师,终身为父。在教书育人这片天空上,他给一个又一个学生插上了梦想的翅膀。

1995年,中山大学生物工程研究中心组织教职员工和研究生去英德参观,他和他的学生们亲如一家,在参观途中,他一直抱着他的博士后毛宗万的女儿毛陵玲。20年后,2015年计亮年又推荐毛陵玲去美国西北大学攻读硕博连读研究生。

1995年5月6日,中山大学生物工程研究中心组织教职员工及研究生赴英德参观,计亮年和他的博士后毛宗万的女儿毛陵玲合影

2017年,计亮年与他的博士后毛宗万的女儿毛陵玲博士在其回国探亲时合影

由于在科研、教学、学科建设、人才培养、学术交流和社会服务等方面的卓越贡献，计亮年先后获得国家和省部级个人荣誉奖13项，包括1995年香港柏宁顿（中国）教育基金会授予首届"孺子牛金球奖"荣誉奖；1997年广东省委、省政府授予"广东省劳动模范"称号；2000年国务院授予"全国先进工作者"称号等。

时间匆匆而过，但恩师难忘，学生们永怀感恩的心。2013年4月20日，来自广州等珠江三角洲地区，以及上海、厦门、湖南、香港等地的70多名学生齐聚中山大学，为计亮年的七九寿辰举行了一次隆重的庆贺晚宴，出席宴会的还有多位领导和嘉宾。

2014年4月29日，广东省委胡春华书记在全省大会上给计亮年颁发2013年度"广东省科学技术突出贡献奖"（个人荣誉）。他把个人奖金50万元全部捐赠给中山大学化学与化学工程学院，设立"计亮年奖学金"，以报答中山大学对他40多年的关怀。

2014年4月20日，庆祝计亮年八十华诞，被邀请出席的教授：南京大学郭子建（左三）、中科院长春应化所曲晓刚（右三）、广西师范大学梁宏（右二）、香港大学孙红哲（右一）、中山大学前党委副书记李萍（右四）和中山大学陈小明（左二）、中山大学毛宗万（左一）

中山大学鸣谢计亮年捐赠50万元人民币函件

2013年度广东省科学技术突出贡献奖颁奖现场

2014年4月9—11日，由国家自然科学基金委化学部主办、中山大学和广东省化学学会承办，在广州召开了庆祝计亮年八十华诞暨第六届全国生物无机化学发展战略研讨会。来自全国生物无机化学领域的50多位专家和著名学者参加了会议（包括4位院士，还有973首席专家、国家杰出青年学者等）。中国科学院院长白春礼院士还寄来了贺信。

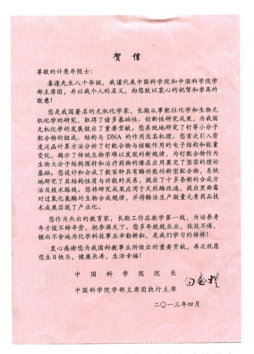

2013年4月，中国科学院院长白春礼院士给计亮年院士的贺信

2014年4月《中国科学：化学》杂志为庆祝计亮年八十华诞出版了专刊，封面上印有他的照片，以表彰他对我国生物无机化学学科的突出贡献。2014年4月8日《中山大学学报》，2014年4月30日《南方日报》《广州日报》和《羊城晚报》，2014年5月1日《南方都市报》，2014年5月2日《广东科技》，2014年5月5日《中国科学报》，2014年5月9日《看中国》（美国出版）等多种报刊相继报道了他的事迹，以及庆祝他八十岁诞辰的盛况。

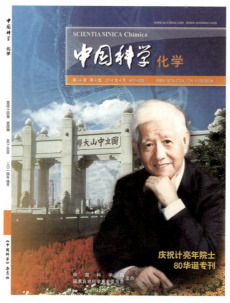

2014年4月《中国科学：化学》第44卷第4期出版庆祝计亮年院士八十华诞专刊

2014年4月9—11日，为庆祝计亮年八十华诞，由国家自然科学基金委化学部主办、中山大学和广东省化学学会承办的第六届全国生物无机化学发展战略研讨会在中山大学召开，参会代表合影

2014年4月20日，计亮年儿子、孙子专程从美国回来参加庆祝老人家八十华诞活动

第六章 支持发展"化学"新兴学科

从1975年至今，计亮年为发展中山大学的无机化学这一学科倾注了许多心血。他白手起家，艰苦创业。如今，中山大学生物无机化学这一学科已经结出丰硕的果实，并在国际上占有一席之地。

第一节　从弱势学科发展为强势学科

计亮年调入中山大学后，除了继续研究溶剂萃取金属离子的配位化学机理外，还开始研究β-二酮类金属配合物作为模拟血红素酶的载氧机理。

1983年11月，计亮年从美国留学后回到中山大学工作。在教学上，他担任化学系一年级"无机化学"基础课主讲教师；在行政上，则担任无机化学教研室主任和广东省化学学会秘书长。计亮年长期工作在教学工作第一线，拥有扎实的功底和丰富的学识，同时在国外工作的经历又开阔了他的学术视野，使他更有信心让生物无机化学这一国内弱势学科在国际上占有一席之地。

计亮年一方面要筹建中山大学生物无机化学学科研究团队，确定研究方向；另一方面又要撰写生物无机化学教材。当时，金属系无机化学教研室的老师以教学为主，仪器的配备仅用于教学方面，只有个别老师做一些科研。科研条件非常缺乏，没有常规的仪器开展研究。在这样的情况下，当时很难见到无机化学教研室的老师在国内外刊物，甚至在《中山大学学报》上发表科研论文。为了使科研工作能够继续做下去，他经常骑着自行车去广东省工业技术研究院（原广州有色金属研究院）借用玻璃分液漏斗做萃取实验研究。其所面临的困难可想而知。在无机化学教研室杨燕生教授、黄坤耀教授等同事的支持和关怀下，无机化学团队逐渐发展壮大。团队不定期地组织学术交流活动，还在广东科学馆由计亮年负责主办化学教师科普训练班。在计亮年担任无机化学教研室主任和化学与化学工程学院院长期间，1983年中山大学无机化学学科经教育部批准设立硕士点，1990年设立博士点，2005年建立生物无机与合成化学教育部重点实验室（2013年评估获"优秀"），2007年中山大学无机化学学科成为国家重点学科。

中山大学无机化学学科从30多年前在国内外没有多少影响力的弱势学科，发展成为目前国内外较强的学科，离不开计亮年和杨燕生教授、黄坤耀教授等一批老教授以及众多无机化学中青年教师的坚持和共同努力。

2015年12月20日，计亮年出席在东莞召开的年会，并展示团队的成果

2013年,生物无机化学团队在讨论工作
(前排左起:巢晖、计亮年、毛宗万)

  计亮年从1980年起担任无机化学教研室主任至今,一直是无机化学学科和发展平台的主要组织者和贡献者之一。毫不夸张地说,计亮年是中山大学化学学院无机化学学科的主要奠基人之一。当时,他将无机化学教研室分成三个科研小组。杨燕生教授负责"稀土"组,黄坤耀教授负责"无机合成"组,计亮年自己负责"生物无机化学"组,以科研成果充实教学内容,全面整合了无机化学教研室师资力量,明确了各小组研究方向。各个科研小组和所有教师都争取做好自己的研究方向和所承担的教学任务,形成了各学科小组之间以及个人之间良性竞争的发展势头,同时促进和加强了各个科研小组之间的相互协作以及各个学科之间的渗透和融合。除了完成教学任务外,各小组成员力争多做一些研究工作。他们带着各自的科研任务,在自己的研究领域深入研究,并把科研成果内容及时编入教材中,使教学内容不断丰富和更新。

  在那个时候做研究,实验条件是可想而知的,但无论条件有多差,他们都会千方百计解决问题。组内没有的仪器设备,就通过协作关系借用校内一些重点实验室的仪器设备,特别是基因工程实验室和激光光谱学国家重点实验室的仪器设备。一些研究校内实验室还不具备开展的条件,计亮年就通过派遣他的学生到南京大学配位化学国家重点实验室、兰州化物所羰基合成和选择氧化国家重点实验室、兰州大学应用有机化学国家重点实验室、福建结构所结构化学国家重点实验室、上海有机所生命有机化学国家重点实验室、北京大学天然药物及仿生研究药物国家重点实验室等重点实验室开展合作研究。通过各种科研合作研究项目,如派学生和组内中青年教师到香港、瑞士、希腊等地做研究,提高了中青年教师和学生的教学科研能力。如此持续了20多个春秋,当时一些重要成果和数据就是在这样的条件下被发现和获得的。

第二节　引进和培养人才是新兴学科发展的关键

从1980年担任中山大学无机化学教研室主任开始,计亮年一直强调想要建设好无机化学学科,首先就是要引进人才,这是学科发展的关键。将比自己能力强的人才请进来后,领导应该给予他们大力支持和帮助。1994年,计亮年担任中山大学化学与化学工程学院院长。在他担任院长期间,从国内外引进了以苏锵院士、陈小明教授为代表的一批优秀人才来到化学与化学工程学院工作,并邀请新引进的陈小明教授共同指导自己名下的博士研究生。

在计亮年担任化学与化学工程学院院长的六年期间,学院引进了一批人才,包括"物理化学""有机化学""高分子化学""分析化学""化学生物学"和"精细化工"等各种专业的高端人才。这些引进的人才不但学问做得好,而且心胸开阔,积极关心同事。如今,他们和他们的学生都已成为中山大学化学各分支学科的领军人才。事实证明,做人比做学问更重要。在无机化学教研室的一批教师、优秀研究生,特别是一批优秀的中青年教师,包括陈小明院士领导的团队的共同努力下，不仅中山大学生物无机化学学科取得了重大进展，而且化学各分支学科也进入了国内外前列。

2013年10月25—27日，出席在厦门召开的香山科学第473次学术讨论会，应邀做题为《金属酶结构与功能模拟》的大会报告，计亮年夫妻与中山大学陈小明院士在会场合影

对科研求真务实、脚踏实地的态度，是计亮年不断强调的。凡是他带过的学生，一定都会铭记"踏踏实实，严禁学术作假"这条原则。他强调：对待科研，若有一丝一毫造假的心理，是永远不会有真正的成果的。真实是做科研的第一步，想获得公认的成就，必须经受同行和实践的检验。

第七章 促进国内新兴学科的发展

第一节　积极组织国内外生物学和化学交叉学科的学术交流

改革开放以后，国际学术交流也迅速多了起来。长期的信息闭塞，使国内基础研究与国际最前沿研究相比存在很大差距。为了尽快了解国际最新的前沿动态和科研方向，计亮年作为先行者在促进我国生物无机化学学科的国际交流方面功不可没。

他应邀在国外化学学术机构和国际化学学术会议上，以及国外著名大学做报告100多次，并多次担任国际学术会议的国际顾问委员会委员、组织委员和学术会员，在国际同行中享有很高的声誉。

虽然计亮年的教学科研工作非常繁忙，但他一直热心组织国内外化学交叉学科的学术交流和国际合作，促进了我国生物无机化学这一新兴学科的发展。1982年4月16日，计亮年作为广东省化学学会副秘书长，组织粤港两地化学学术交流会，这是内地第一次和香港化学学会合作，他本人也应邀在香港大学做大会邀请报告，报告题目为《β-二酮类载氧体络合物的研究》（Study of the Complexes of Oxygen Carries with β Diketones）。当年内地科技界去香港进行学术交流的学者还很少，该学术交流会的举办作为香港一件重要新闻，当天被香港《大公报》《文汇报》等媒体作为重要消息予以报道。1987年11月，计亮年出席在香港举行的Conference on the Prospects for Hong Kong's Chemical Process Industries in the Environment，他担任大会主席团成员，还在会议上做大会报告，报告题目是《在广东化工业发展中香港的机会》（Hong Kong's Opportunity in the Development of Chemical Industry in Guangdong）。他和同事们一起先后组织和承办过20多次国际、全国和广东省内的化学学术会议。

第七章 促进国内新兴学科的发展

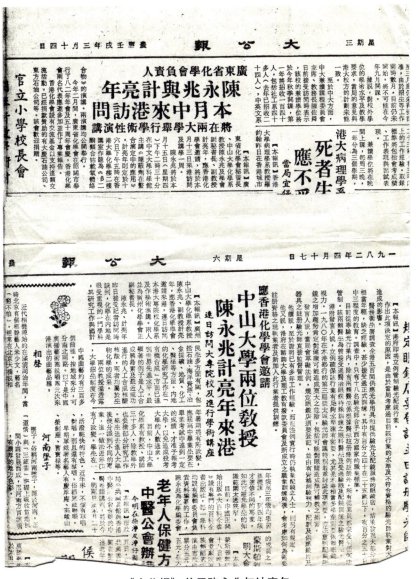

《大公报》关于陈永兆与计亮年来港访问的报道

此外,计亮年还积极发展"化学生物学"新兴学科,提倡多学科交叉。他强调不但无机化学要与生物学交叉,化学的各门二级学科与生物学学科之间也要互相渗透,要重视研究生物学中的各种化学问题。他还积极参加全国化学生物学学术会议。2002 年,在北京召开

1987年11月,出席在香港召开的"环境转变中香港化学程序工业展望"的国际会议(计亮年右二)

的第二届全国化学生物学学术会议上,计亮年担任学术委员会委员,并应邀在大会上做特邀报告,报告题目为《金属配合物研究RNA和DNA的结构与功能的新发展》,受到与会代表的关注。

1992年12月8—12日,受国家自然科学基金会、广东省人民政府、中国化学会等主办单位共同委托,计亮年作为会议秘书长兼副主席和国内组委会主席,在广州组织召开了第二届国际应用生物无机化学研讨会。该会议得到了联合国教科文组织财政经费赞助。来自25个国家的代表参加了会议,这让中国的生物无机化学界无比振奋,也让中国的生物无机化学学科走向了世界。2013年12月3—6日,由他的博士后——中山大学化学学院院长毛宗万教授组织承办。计亮年担任全国顾问委员会主席、国际顾问委员会委员,并以大会组委会主席的身份参加和主持了在广州组织召开的第十二届国际应用生物无机化学研讨会。来自22个国家的252位代表参加了会议,包括2004年诺贝尔化学奖获得者Aaron Ciechanove教授等15位代表做了大会报告。

早在 1988 年 12 月，计亮年在广州组织召开了亚洲太平洋地区石油专用品技术和工业发展会议。他担任大会秘书长和大会执行委员会主席，来自全世界 30 多个国家的代表参加了大会。1987 年他又在广州组织了几届粤闽港化学学术会议。1995 年 2 月，他和高雄中山大学理学院院长张宗仁教授分别作为两岸联系人，首次组织了在高雄召开的海峡两岸中山大学数理化学科暨厦门大学化学学科学术交流讨论会，当时台湾地区报刊还做了详细报道。1989 年，在广州组织召开了第三次全国生物无机化学学术讨论会。1991 年，在广州组织召开了全国第二次高等学校生命化学研讨会。2005 年，在广州组织召开了第五届全国配位化学会议暨第八届全国生物无机化学会议，并担任该会议学术委员会主席。2015 年 7 月，在北京召开的第 17 届国际生物无机化学会议上，他担任全国顾问委员会主席之一，并主持大会开幕式等。

1989 年 1 月，在广州组织召开的第三次全国生物无机化学学术讨论会，计亮年担任大会秘书长并做了报告

1992年12月，由计亮年在广州组织和主持的第二届国际应用生物无机化学研讨会

1995年2月14—17日，计亮年出席在台湾高雄召开的两岸中山大学数理化学科暨厦门大学化学学科学术交流讨论会，担任内地组织者（一排左四至左八分别为：计亮年、张宗仁、林尚安、田昭武、张乾二）

2004年12月19—22日，计亮年出席在香港召开的第五届国际华人无机化学研讨会，担任分会主席，与国内五位无机化学专业院士在会场合影（左起：游效曾、苏锵、倪嘉缵、王夔、徐如人、计亮年）

2013年12月3—6日，在广州召开的第十二届国际应用生物无机化学研讨会，计亮年任国际顾问委员会委员和全国顾问委员会主席，并为诺贝尔奖获得者Aaron Ciechanove教授颁发大会报告证书

1996年12月9—14日，计亮年作为全国组委会副主席和会议秘书长、欧亚国际顾问委员会委员，在广州组织召开了第五届欧亚化学大会。460多位会议代表均为来自全球45个国家的著名专家、教授。他们在广州白天鹅宾馆欢聚一堂，其中来自国外的有212人。会议安排了四位专家在大会上做主题报告，他们是1987年诺贝尔化学奖获得者法国路易斯·巴斯德大学其·马里·莱恩（Jean-Marie Lehn）教授、日本化学会时任理事长东京科技大学H. Sakura教授、美国科学院院士美国加州理工学院彼得·载文（P. Dervan）教授、中国科学院院士吉林大学徐如人教授。会议还邀请了一批发展中国家的代表，他们分别来自印度、菲律宾、立陶宛等。由于出席本次会议的大部分中国代表来自国内重点院校和科研部门，绝大部分代表都具有较好的用英语进行学术交流的能力，这就使很多国内代表有机会直接与国外代表进行面对面的深入交流，使国内很多研究者了解到目前自己的研究课题与世界先进水平的差距以及今后的发展方向和目前研究的热点。国外专家也了解到中国的化学学科在环境保护、生命科学、能源和材料等领域的特色和取得的进展。

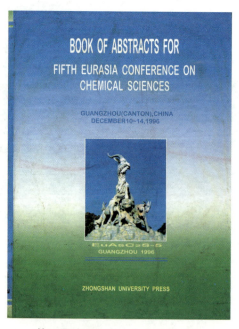

第五届欧亚化学大会会议论文集

1996年12月10—14日在广州召开的第五届欧亚化学大会，计亮年和夫人杨惠英与诺贝尔奖获得者法国其·马里·莱恩教授在会场闭幕式上合影

自1976年起，计亮年在主持广东省化学学会工作的30多年中，每两年组织召开一次广东省化学学会年会，1979—1994年先后在广东肇庆、韶关、佛山、深圳、东莞等地定期组织广东省第一届至第五届化学学会学术年会。

1998年，受瑞典皇家科学院诺贝尔奖基金委员会聘请，他成为诺贝尔化学奖的提名人。近年来他还受何梁何利基金评选委员会邀请，每年都成为何梁何利基金科学与技术奖提名人。这些都充分展示了中山大学生物无机化学学科在国内外的学术影响力。他先后担任 *J. Biol. Inorg. Chem.*、*J. Inorg. Biochem*、*Oriental J. Chem.*（印度）、*Metal Based Drugs*（比利时）四种国际刊物和《无机化学学报》《分子催化学报》《高等学校化学学报》《分析测试学报》《中山大学学报》五种国内刊物的编委和顾问编委。1990年，他被聘请为国际刊物 *Inorganica Chimica Acta* 专家评审小组成员。

计亮年在生物无机化学领域所做的富有创造性的研究工作和组织的一系列国内外学术会议推动了我国无机化学学科的国际交流。他在国内这一学科领域所起的促进作用和对我国生物无机化学学科创建的奠基性工作，使他成为国内外公认的中国生物无机化学学科学术带头人之一，对提升我国生物无机化学学科在国际上的学术地位起到了重要作用。

最开始时，广东省化学学会挂靠在中山大学化学系。1977年，中山大学化学系副系主任莫金垣教授推荐计亮年负责广东省化学学会筹建和恢复工作。这为他与国内外同行进行学术交流和接触国际学术机构提供了平台和机会。

1977年起，计亮年协助广东省化学学会理事长罗雄才教授、秘书长陈永兆教授负责广东省化学学会筹建和恢复学术交流活动的具体工作。那时，他常常骑着自行车去华南理工大学、暨南大学、华南师范大学、华南农业大学等高校，还赴广雅中学、广州市教育局等单位寻访广东省化学学会理事和专业委员会成员，听取他们的意见，共同商讨如何恢复广东省化学学会学术活动和科普活动，谋求得到他们的大力支持。1977—2009年，计亮年付出了大量时间和精力参与广东省化学学会的恢复和发展，并且长期担任广东省化学学会领导职务：1976—1978年为秘书，1978—1986年为副秘书长，1986—1992年为秘书长，1992—2009年为理事长，2009年至今为名誉理事长。

自1983年至今，计亮年先后担任广东省科学技术协会委员（1983—1987年）、广东省科学技术协会常委（1987—2001年）、广东省科学技术协会荣誉委员（2001年至今）；1987年起担任广东省化工学会第四届理事会理事（1987—1991年）和第五届理事会理事（1991—1995年）；1997年起担任广东省科学技术合作协会第一届协会理事，以及第二十三和二十四届中国化学会理事（1986—1994年）。2000—2004年担任中国化学会无机化学专业委员会副主任等学术团体职务，2009—2010年担任国家科学技术奖励评审专家。1990年至今，他担任南京大学配位化学实验室和中国科学院兰州化学物理研究所羰基合成与选择氧化实验室等多个国家重点实验室的顾问委员、学术委员和副主任等职务。2012年，他受聘为广西壮族自治区主席院士顾问。2005年至今，他担任每届全国生物无机化学学术会议学术委员会主席。

2015年9月26日，中山大学宁波校友会成立，中山大学前校长

1990年12月,计亮年出席南京大学配位化学重点实验室第一届学术委员会会议

黄达人教授、党委副书记李萍教授、校友会李汉荣主任和孔晓慧副主任等出席会议,计亮年受邀参加成立大会,并被聘为中山大学宁波校友会终身顾问。参加成立大会的有关人员还专程到宁波市院士公园参观,并在宁波市政府建立的计亮年铜像前留影。

2015年9月26日,出席在宁波召开的中山大学宁波校友会成立大会,计亮年(一排右五)及其夫人杨惠英(一排右三)与中山大学校长黄达人教授(一排右四)、党委副书记李萍教授(一排左四)以及中山大学宁波校友合影

2015年9月26日,中山大学宁波校友会成立,
计亮年同黄达人前校长、李萍教授在宁波市院士公园计亮年铜像前合影

宁波有"院士之乡"的美誉,宁波籍院士群体尤为引人注目。计亮年为了让孙子感受宁波的文化底蕴,在2014年4月他的儿子从美国回广州探亲时,他专程与家人赴宁波市游览和参观,并在计亮年铜像前留影,教育孩子要努力学习。

2014年4月,计亮年携夫人杨惠英、
儿子计晴、孙子计远帆在宁波市院士公园合影

2017年2月,广州市科学技术协会聘请计亮年为广州市科学技术协会第十届委员会顾问,以促进我国化学学科和其他交叉学科的融合发展。计亮年对科学充满兴趣和热爱,耄耋之年仍然活跃在讲台上,他每年还为不同层次的学生和教师开设讲座十多次。讲座对象不再局限于专业领域的学生,而是向各个年级阶段的所有学生传授人生经验。2018年4月13—16日,在山西太原召开的中国化学会第八届全国物理无机化学学术会议上,计亮年担任会议的顾问委员会主任,并做大会特邀报告,报告题目是《推动化学与多学科交叉研究方法,迎接新时代物理无机化学面临的机遇和挑战》。同年4月19—22日,在武汉召开的中国化学会2018年中西部地区无机化学化工学术研讨会上,计亮年担任大会学术委员会副主任,并做大会特邀报告,报告题目是《推动无机化学与化工学科交叉,培养创新人才,迎接新时代化学面临的机遇和挑战》。

第二节 积极推动科普讲座的开展

30多年前,计亮年就经常在全国主办的各种教师提高业务水平的讲习班和训练班上讲课。他在广东科学馆定期举办和组织过许多次由广东省化学学会为广州高等学校、中学青年教师主办的两周一次的各种免费科技、科普学习班和讨论班。他负责"近代化学讲座"学习班时,广泛邀请国内专家、教授来广东科学馆讲课,让大学、中学青年教师得到严格训练,推动了广东省化学学科的发展。

早在1980年6—8月,计亮年就被青海省化学学会邀请在青海省西宁中国科学院盐湖研究所讲授"络合物的配位场理论及其应用"课程,还为青海省暑期化学讲习班教师讲课,同时自编该课程讲义。

2011年,为庆祝"国际化学年",计亮年先后在嘉兴"南湖学术论坛"上做题为《化学创造未来,学科交叉研究方法促进化学和其他学科的发展》的报告。此外,计亮年还在中山大学为研究生、本科生等不同对象做不同类型的科普报告,多次走进中学为中学生做科普报告,以及到新疆边远地区为少先队员开设科普讲座。

2017年5月23日,计亮年在由广州市科技创新委员会主办的科技活动周"珠江科学大讲台"第39讲上,应邀做题为《迎接当今科学和技术面临的机遇和挑战》的报告

2018年5月17日,广东省委组织部、省委教育工会和广州市越秀区委组织"大手牵小手——不忘初心,永远跟党走"的中学生活动。计亮年参加了活动,并在广东实验中学给中学生做报告,报告题目为《勤奋学习,培养科学心理素质,迎接祖国成为科技创新强国》。该活动于2018年5月24日被《南方日报》详细报道。同年9月,人们又看到这位风尘仆仆的老先生带着他的满腹学识和翩翩风度穿梭于中山大学珠海校区,为刚刚踏入大学校门的化学专业新生送上新学期的"第一课",做了题为《推动化学与多学科交叉研究方法,培养高端创新型人才,迎接新时期化学面临的机遇和挑战》的报告。

计亮年的报告深受学生们的欢迎,为了科普工作,他在很多单位留下了足迹。计亮年希望通过这种形式,使化学的奇特作用逐渐被社会更广泛地了解和认识。他为提高全民族的科学文化水平贡献了自己的一分力量。

2015年4月20日,在华中科技大学第234期"科学精神与实践"的讲座中,计亮年应邀给该校研究生做了题为《推动学科交叉,培养高端人才,迎接当今科学和技术面临的机遇和挑战》的报告。2018年4月3日,在华南理工大学"南客学术论坛"中,应邀给该校研究生做了题为《多学科交叉研究方法,迎接新时代科学和技术面临的机遇和挑战》的报告。

2015年4月20日,计亮年出席武汉华中科技大学第234期"科学精神与实践"讲座

2016年11月,在山东曲阜举办的"泰山学术论坛"上,计亮年担任会议主席,并作为全国生物无机化学学科学术带头人做了题为《推动多学科交叉方法,迎接当今化学面临的机遇和挑战》的邀请报

告。2004年,计亮年担任由中国化学会在广州举办的"全国高中学生化学竞赛暨冬令营"营长。这次冬令营的集训,使当年中国团队获得第36届国际化学奥赛金牌。

2017年11月1日,在浙江嘉兴召开的"2017南湖学术论坛",计亮年担任会议主席之一,并应邀做大会报告,报告题目为《对我国生物无机化学的进一步发展提出几点建议》。2018年8月17日,在内蒙古呼伦贝尔召开的全国第十九届大环化学暨第十一届超分子学术讨论会,计亮年担任会议顾问委员会委员,并做会议特邀报告,题目为《推动多学科研究方法,迎接新时代大环化学与超分子化学面临的机遇和挑战》。

计亮年出席在浙江嘉兴召开的"2017南湖学术论坛"

由于在社会活动中取得了显著成绩,在近30年中,广东省化学学会和计亮年分别被中国科学技术协会、中国化学会和广东省科学技术协会等学术团体授予"全国学会之星""先进学会""先进工作者"等称号十多次。1988年,广东省科学技术协会授予计亮年"学会积极分子"称号;1991年,给他颁发了广东省科学技术协会荣誉证书;1994年,又授予他"学会先进工作者"称号。

第三节　加强国内外研究团队合作

为了培养学生的创新精神，推广多学科交叉研究方法，计亮年积极组织中山大学有关课题组与国内外著名生物无机化学家团队进行科研合作，以提高课题组师生的学术水平。国际合作为课题组学术水平带来源源不断的提高和启迪，使中山大学的生物无机化学团队的学术水平能一直走在国际学术前沿。

早在1983—1986年，经教育部批准，他与时任香港大学理学院院长潘宗光教授和支志明院士合作进行配合物的研究，并共同指导中山大学的马吉祥、何黎燕、吴志丹三名研究生。当时，计亮年推荐课题组团队的7名中青年教师轮流去香港潘宗光教授研究组做3个月的项目合作研究，了解国际上配位化学最先进的成果和研究方法，从而较快地提高了中青年教师的业务水平。

1983年6月，在中山大学新建的测试中心大楼完工之际，时任校长黄焕秋教授要求中山大学总务处将大楼的实验室用房腾出两间，作为中山大学—香港大学两校之间的合作研究实验室，以体现中山大学对内地大学和香港大学两校合作项目的大力支持。当时，计亮年应邀作为访问教授去香港工作3个月，香港大学潘宗光教授每星期专程来一次中山大学，给无机化学专业的研究生讲授"群论"课程。1993年起，计亮年又与香港科技大学李晓原教授进行酶的化学模拟研究方面的合作，计亮年作为访问教授应邀在香港科技大学工作3个月，并共同指导中山大学的叶保辉、巢晖、薛根强和章浩四名研究生，且在1999—2001年，他与李晓原教授共同承担国家杰出青年基金海外B项目，计亮年担任内地主持人。1990—1992年，计亮年承担中国—瑞士两国政府基金会科技合作项目——金属配合物对DNA键合研究，任中方主持人，瑞士方主持人为巴塞尔大学国际著名生物无机化学家 Helmut Sigel 教授。他与 Helmut Sigel 教授研究组师生结下了至今 30 多年的友谊。

长期忘我的工作也让计亮年付出了健康的代价。长期的饮食失调，加上工作压力大，计亮年在 1989 年去瑞士前被查出患上了糖尿病，导致他每次去瑞士都必须随身带上 3 个月的糖尿病药物。

1990 年起计亮年作为瑞士巴塞尔大学访问教授，连续三年每年都要去瑞士工作 3 个月。他自己动手做实验，经过探索和实验证明腺嘌呤核苷金属配合物内金属离子键合的二歧式（Dichotomy）模型。他还接待瑞士访问学者尼卡斯·科孚（Niecas Corfu）博士来中山大学课题组做研究，3 年来他们共同在 *J. C. S. Dalton*、*Inorg. Chem.* 等刊物发表论文 6 篇。

1990 年 2 月，计亮年在瑞士巴塞尔大学与
Helmut Sigel 教授研究组师生讨论工作

由于计亮年团队在钌配合物合成方面的研究处于国际领先水平，希腊方向中国科技部提名要求与计亮年课题组进行钌多吡啶应用领域的合作。1993—1998 年，计亮年先后两次承担中国—希腊两国政府基金会的两个科技合作项目，任中方主持人。其中一个项目的希腊方主持人是希腊科技部部长、国际著名生物无机化学家、在德谟克利特国家科学研究中心（National Centre for Scientific Research Demokritos）

工作的尼科斯·卡萨罗斯（Nikos Katsaros）教授，项目名为"新的过渡金属配合物作为潜在的化学治疗药物"。另一个项目的希腊方主持人是国际著名生物无机化学家、希腊约阿尼纳（Ioannina）大学尼克·阿齐利亚迪斯（Nick Hadjiliadis）教授，项目名为"钌多吡啶配合物的合成以及作为化学核酸酶和抗癌药"。同时，他还接待前来合作的希腊约阿尼纳大学访问学者 A. 加鲁菲斯（A. Garoufis）博士来中山大学课题组做研究。

1991 年，计亮年赴瑞士巴塞尔大学任访问教授，在 Helmut Sigel 教授研究组自己动手做实验

1991 年，瑞士巴塞尔大学尼 A. Caroufis 博士作为访问学者来中山大学生物工程研究中心工作，与研究组同事合影

1995年8月,计亮年担任中希两国科技合作项目中方主持人,在希腊科技部部长 Nikos Katsaros 教授的家中做客

1995年,计亮年在希腊方主持人 Ioannina 大学 Nick Hcdjiliadis 教授的家中做客

1998年5月,计亮年接待希腊约阿尼纳大学
A. Garoufis 博士来中山大学生物无机化学研究组访学

1990—2002年,英国皇家化学会五次授予计亮年个人研究基金,以资鼓励(全世界每年评选30位,公布在当年的 *Chemistry in Britain* 上)。

计亮年一生经历过大起大落,但他从没忘记化学研究的初心,那就是追求真理的宗旨和爱国爱党的信念,每到关键时刻,这便成为支撑他前进的最强大的内驱动力。在化学这一片神奇的土地上,计亮年就像战场上披荆斩棘的勇士,不断开辟一个又一个新天地。

  感恩和报效

第一节 感谢新社会，感恩母校

计亮年从小就失去了父母，是中国共产党把他从水深火热中解救出来，使他成为少有的从旧社会学徒工走出来的院士。如今，看看书柜里摆放的各种奖杯，办公桌上摆满的出版社和杂志社赠送的书籍和刊物，衣帽架上挂满的各种参会证件，看着身后越来越优秀的年轻一辈，计亮年常常回想，是什么改变了他的一生，让他有了今天这样的事业和生活？

计亮年一直回首60多年前那场高考，他的一生能取得今天如此巨大的成就，非常不容易。当问到他最想感谢的是谁，他毫不犹豫地回答——最感激党！是新中国给陷入绝境的他送来了光明，是祖国培养了他，并给了他施展才能的机会。他说：自己赶上了一个伟大的时代，是时代孕育了他、培养了他。对于孩提时代经历过磨难的他，每次在谈起新中国发展的时候，计亮年都会发自肺腑地感叹，是共产党改变了中国的命运，也改变了他的人生。

计亮年一直强调首先要感谢党和国家，如果没有上海解放，他就没有机会到上海市职工夜校和广肇夜校中学等学校同时补习初、高中的各门课程，也就没有今天的自己。他的内心对党和国家充满着感恩之情，感恩党，感恩祖国和人民，感恩社会主义。

计亮年认为，人生在世，要心存感激，有一颗感恩的心。俗话说：滴水之恩，涌泉相报。计亮年以实际行动去报答党恩和老师的关爱大恩，感谢所有帮助过他的人，感恩在不同学习阶段学校的教师和领导对他的培养，特别要感恩的是中山大学对他40多年的培养和关爱。

自1975年到中山大学工作，不知不觉已经过了46年，计亮年在中山大学度过了人生最好的时光,从青年到老年,他感慨万千。自1978年起,改革开放——这伟大时代给他创造了研究条件。计亮年自从被引进到中山大学后,便开始了与中山大学无法割舍的缘分。化学系严谨、和谐的教学和学术研究氛围以及领导和教师的支持,使他能够克服遇到的种种困难,在教学和科学研究中不断取得进展。

1978年,计亮年被选为校内第一批重点培养教师。40多年来,中山大学历届各级党政领导和周围教师都给了他很大的支持和鼓励,帮助他解决了很多教学、科研、家庭生活中的具体困难。2006年4月14日,计亮年在体检时医院发现他的三根心脏冠状动脉血管严重堵塞,他也体会到了什么是"积劳成疾"。学校领导对此非常关心,特别是党委副书记李萍教授,主动叮嘱安排手术前的各项准备工作,这份情谊使他至今心存感激。在中山大学附属孙逸仙医院胸外科主任杨艳旗教授主刀、华平医生等人的精心策划下,计亮年成功进行了体外心脏搭桥手术。

在此,有一个值得当今中青年教师注意的教训。1999年,在申请一项国家自然科学奖时,因计亮年出差在外,由他的学生负责将申请书中的400多篇论文目录打印并录入系统,而学生不小心把其中一篇代表性论文的通讯作者"*"号粗心地错打在了学生名字的位置,被发现后,计亮年不但没拿到奖项,反而被扣上存在"造假学风"问题的帽子。在这个紧要关头,正碰上时任中山大学科研处副处长杨中艺教授到北京开会,他出于关心和负责主动到国家科学技术奖励工作办公室了解这件事,很幸运地发现只是在申请书文献目录中其中的一篇论文打错了"*"的位置,恰巧这篇论文是与申请书一起上交的十篇代表性论文之一,在上交的代表性论文附件中,原始论文没有做任何改动。国家科学技术奖励工作办公室经过调查和开会讨论后,根据实事求是的精神,给计亮年在国内相关单位和国家自然科学奖全体评委发文"更正",还了他"清白",也终于把他"造假学风"的帽子脱下了。计亮年说,他这一辈子遇见了很多恩人,很多贵人,酸甜苦辣都尝过,善恶冷暖都见过,一路走来,每一步都是改变命运的博弈。

计亮年还深深体会到中山大学对人才培养的重视。他不会讲广东话，也不是中山大学毕业生，更没有熟人在中山大学，但是他备受中山大学历届领导和周围同事的关怀。领导主动挑起重担，负起责任，这就是中山大学的优良传统——饱含人情味儿的凝聚力。每当遇到困难时，中山大学各级领导和老师都会伸出手来帮助他渡过难关。他说：在中山大学的40多年中，这类事情太多了。计亮年认为，这源于中山大学领导和老师的爱心和包容心。计亮年在中山大学主办了国际性、全国性和广东省的各种会议共20多次，都很顺利和成功，不需要花太多时间在人际关系上搞平衡，这也是中山大学最吸引人才的地方。

从中年到老年，计亮年人生中最黄金的40多年与中山大学紧紧相连。现在回头看，这份答卷就算他自己觉得不足称道，但其中的辉煌都是掩盖不了的。他希望在古稀之年，能够为国家、为中山大学以及学生多做些事。他希望自己的奋斗历程能够激励更多的青年人奋发向上。生命只有在磨炼中才能激发出它潜在的能量，改变小人物命运的最好方式就是知识，掌握科学知识就可改变自己的命运。此外，通过传授自己的科研经验与学习方法，以及做人的方法，计亮年希望对学生有所帮助。

1994年11月9日，计亮年担任化学与化学工程学院首任院长，并在学院成立大会上讲话

他一直认为：建立具有文化艺术氛围的爱心校园，重视学生的思想素质和诚信教育，强调交叉学科的研究方法和对科研认真负责的态度，关心中青年骨干教师的身体健康，特别是使他们能减轻压力，做到在工作中保持心态平衡，这是当今国内高等学校教师所面临的紧迫任务，也是更好地迎接当今科学技术发展所面临的机遇和挑战必须解决的重要实际问题。

1994年担任化学与化学工程学院院长期间，计亮年参加化学大楼"丰盛堂"奠基仪式（左一为计亮年，右一为捐赠者刘汉钦教授）

第二节　服务社会，报效祖国和人民

计亮年认为，年轻时自己立志要回报社会，现在到了晚年更要以身作则，保持晚节，报效祖国和学校。

出于对科学的兴趣和热爱，对培养祖国科研人才的责任，直到今天，计亮年每年还要为各个不同层次的学生和教师做20多场讲座。

前几年他每年都要为全校历届博士生和硕士生开设政治理论课，主讲"现代科学技术革命和马克思主义"，该课内容作为一章已编入林定夷主编的《科学·社会·成才（一）》一书中。广东省院士联络中心聘请计亮年做广东院士论坛首场报告。他的讲座对象从中学生、大学生、研究生到全国教学讨论班的大学教师，以及国内中青年学者、学术带头人和专家，也涉及不同地区（北京、苏州、西安、兰州、新疆、武汉、天津、南京、厦门、衡阳、郑州、长沙和内蒙古等地）的学生，引导学生树立正确的人生观、价值观。2020年，计亮年已经86岁高龄了，但他每天还去上班。执着探索是他走上科学道路，并取得重大成就的重要原因。他生活非常简朴，几乎没有任何物质上的追求，他一生十分勤俭，所有日常生活从不麻烦他人。2007年，他的夫人因患乳腺癌做了手术，需要去医院做30多次化疗和放疗。夫妻俩每天都是坐公交车去医院，从不麻烦学校派车。他公差乘坐飞机都喜欢购买经济舱的票，每年暑假去美国探亲又带有公差的任务，十多个小时行程的国际机票他都购买经济舱，而且都是自费。

他患糖尿病已经30余年了。自己每天早晚各打一次胰岛素针，经常早晨要测量空腹血糖，他都在家自己操作。他的糖尿病至今控制得较好。

他默默奉献，品德高尚，为人极其低调，堪称师德典范。艰苦朴素、安贫守道的风格是计亮年给学生和同事们留下的最深刻的印象。儿子在国外，家里只有他和夫人，耄耋之年，他们仍然坚持自己去买菜，三餐自己做饭。谈到家务事，他还调侃了一句"家务事自己做，还可以防止老年痴呆呢"。即便出门，他都是搭地铁或乘公共汽车。在计亮年身上，看到的永远是一种淡泊名利、宁静致远的态度。好像他仅是一个普通的老人，而不是集万千关注于一身和功成名就的院士。

一路走到现在，他常回首往事，想想那个曾经在机器的轰鸣声中、在闹市的喧哗声中俯首读书的少年，那段艰辛的日子教会了他什么叫作"执着"。生活、科研上无论遇到多大的困难挫折，计亮年都挺直生命的脊梁，真正诠释了化学人的真本色。

第九章 人生感想

第一节 抓住机遇，努力追赶

回顾自己 80 余年的人生历程，计亮年深深感到——做人要成功，最重要的是要抓住机遇。什么是机遇？计亮年认为，机遇就是遇到的机会。机会在哪里？就在你身边，就在你生活的环境里。机遇是可遇不可求的，需要你在学校努力学习，在工作岗位上好好工作。若干年后，再回过头来，才知道当时抓住了机遇。如果你不好好干，白白放过身边的机会，那就永远抓不住机遇。

回忆人生已走过的 80 余年，计亮年认为最重要的收获就是做好自己，这是抓住人生机遇、取得人生成功的关键。

计亮年曾自我总结，他的一生都在努力地追赶，最早的追赶就是从上海解放后开始的。当时在工厂工作时，计亮年如果没有抓住利用业余时间补习初中、高中课程的机会，而是与当时厂里的师兄弟一起在业余时间热衷于"下棋""玩麻将"和"打牌"，现在的他将一事无成。人生最大的悲哀是"少壮不努力，老大徒伤悲"，天赋只有与勤奋结合起来才能绽放出美丽的人生。计亮年 40 多岁时已满头白发，他经常给学生们讲述他大半生的辛勤付出。

计亮年的一生极其勤奋。无论是在做学徒工时期，还是在山东大学求学的时期，无论是作为兼职助教，在北京大学师从苏联专家和国内著名专家的时期，还是在中山大学成为讲师、副教授、教授、博士生导师以及成为中国科学院院士，成为美国西北大学、香港科技大学、瑞士巴塞尔大学等访问学者、访问教授的时期，不论是在顺境还是在逆境，也不管是面对尘世的浮华，还是面对人间的痛苦，计亮年都能保持自己平衡的心态，坚守自己做人的原则，正信并恪守正道。

在人生经历中，机遇和厄运似乎都特别眷顾计亮年。面对厄运，计亮年不退缩、不屈服、不怨天尤人，而是把它当作对自己信念与意志的磨砺。他总是能凭借智慧另辟蹊径，在现实与可能之间寻找一线生机，不断积累能量。当机遇来临时，他紧紧握住，厚积薄发，勇于突破，脱颖而出。

人生最大的痛苦莫过于童年失去父母，老年失去儿女，计亮年都亲身经历过了。但这一生中，不论在什么岗位上，计亮年永远保持一种积极向上、勇往直前的精神状态。他始终勤奋努力，不屈不挠，给家人、学生、同事和朋友留下了深刻的印象。

第二节　选择适合自己的研究发展方向

计亮年认为，一个人要选择适合自己的发展方向。从事高等教育工作60余年来，特别是国家改革开放的政策给计亮年带来了很多机遇。他以极其勤奋、十分认真、顽强拼搏的精神，用交叉学科的研究方法，从研究配位化学发展到研究生命体系中配位化学的前沿问题。在团队老师和研究生的共同努力下，在国内外众多著名研究团队的共同合作下，计亮年在三种金属酶的结构、功能、作用机制之间规律性等研究领域取得了国内外公认的重大突破，并将之应用于生产上，促进了我国生物无机化学学科的建设和发展。同时，他在教学科研、人才培养、学科建设、国内外学术交流和社会服务等方面都为祖国做出了重大贡献。

计亮年认为，一个人要成功就一定要保持坚毅的品格，其内涵包括毅力、勤奋、刻苦、坚持、意志、耐力和决心等。坚毅是指一种不论身处顺境，还是逆境，也不管是面对尘世的浮华，还是面对人间的痛苦，都能保持平衡的心态，是坚持正念和恪守正道的美德。他认为只要是自己认准的事，就应该千方百计把它完成，要有执着追求的精神。但坚毅不是愚蠢地好高骛远，而是学会选择目标，还要懂得放弃，把机会让给更合适、更专业的人士去完成，自己则全心全意地追求能实现的重要目标。计亮年曾说，童年对他的影响很大，主要是练就了他那坚韧不拔的品格。在苦难面前承受不住的人也许会悲观厌世，放任自流，但他没有，童年的磨炼与他日后在教学科研生涯里披荆斩棘、勇攀高峰有着密不可分的关系。

1958年，计亮年申请从北京核工业部十二局调去衡阳矿冶学院工作。他觉得自己不适合做行政管理工作，就果断放弃，追求更重要的、有把握完成的目标。

2004年，在长沙举行的中国化学会第二十四届学术年会上，计亮年听了中国石化总工程师闵恩泽院士的大会报告。报告介绍了湖南大学郭灿城教授、岳阳石油化工总厂和巴陵分公司在碳氢化合物氧化项目中取得的巨大成就。计亮年认为，当年中国石化总公司将中山大学承担的项目转给湖南大学继续研究是完全正确的。一方面，如果当年中山大学不放弃这项研究，他的团队不可能在产业化方面发挥优势，并在金属酶体系理论方面取得一系列重大成果。另一方面，如果他的团队继续研究碳氢化合物氧化生产工艺产业化项目，也不一定能像湖南大学这样如此快速取得如此巨大的成果，还会耽误我国在国际上第一次将绿色仿生金属卟啉改造碳氢化合物新工艺在工业上获得成功的机会。因此，他多次告诉学生，在科研道路上要学会根据自己的条件选择自己的研究方向。

第三节 老骥伏枥是我人生的最大梦想

多年来，计亮年有许多机会聆听多位国内外名师的教导。在与大量国内外名师接触的过程中，计亮年从他们身上学到了作为一名老师最重要的是情商。如果你关心周围同事和学生的成长，周围人也都会关心你。当你遇到困难时,别人都会尽力帮助你解决。

2003年11月,计亮年成功当选为中国科学院院士,其时年已69岁,年近古稀。他想起当年在夜校中学读到奥斯特洛夫斯基写的小说《钢铁是怎样炼成的》中的一句名言:当他回首往事的时候,不因虚度年华而悔恨,也不因碌碌无为而羞愧。这是他80余年来对生活和工作最深刻的信念。

计亮年一生没有做过任何亏心事。他常常说:我没有辜负人民的期望和时代赋予的责任,做了我责无旁贷的事。只要在能力范围内,只要是不违法的事情,计亮年都尽可能去帮助别人,他从不计较别人是否感恩。

从一名不被人看好的旧社会学徒工到被国家培养成为中国科学院院士,计亮年说:一个人默默来到人世间,仰不愧于天,俯不怍于人就够了,现在自己这个年龄最该干的是多为中青年教师成长铺路。看到中山大学生物无机化学团队在国内外的影响力由弱到强,看到自己一个又一个学生青出于蓝而胜于蓝,计亮年感到十分欣慰。

2010年4月7日,计亮年与夫人杨惠英参加中山大学化学与化学工程学院纪红兵教授组织的精细化工学术会议,当天纪红兵教授为他俩举办金婚50周年的庆祝会

2014年8月,计亮年在美国探亲,抱着孙女计晓帆,与孙子计远帆下棋

他与夫人结婚已60余年,风雨同舟,一生经历了许多磨难,走过了一条艰难、坎坷的道路,经历了种种困难和打击,坚强地走向未来,并建立起三代同堂幸福家庭,这使他每天都感到很愉快。他说:能为自己的国家和民族做出贡献,我觉得是最幸福的,这样的人生才有价值,这就是我人生最大的梦想。

2017年拍摄的三代全家福

计亮年从一名新中国成立前挣扎在死亡线上的学徒工，成长为一名化学领域的著名学术大师，其曲折而光辉的人生历程令人震撼，催人奋进。他为我们树立了一座人生的丰碑。今天，计亮年仍壮心不已，在化学的神秘王国里不知疲倦地探索着，为祖国的科学教育事业辛勤耕耘，永不停步。

附录一　计亮年年表

1934 年

4 月 20 日，出生于上海市马当路普庆里 10 号。祖籍浙江鄞县（现宁波市鄞州区）。父亲计竹卿（1888—1943），出生于宁波西郊乡；母亲计黄氏（1892—1940），出生于宁波乡下；两人于 1912 年在宁波乡下结婚。父亲 1905 年从宁波到上海做小工，自学成才，能讲一口流利的英语。1906 年进入英国《泰晤士报》（*The Times News Paper*）社驻上海分社做工。

1940 年

9 月，入读上海马当路通惠小学一年级。

母亲计黄氏因肺结核病离世。

1941 年

9 月，入读上海马当路通惠小学二年级。

1942 年

9 月，入读上海马当路通惠小学三年级。

1943 年

9 月，入读上海马当路通惠小学四年级。

父亲计竹卿因肺结核病离世。大姑妈范计氏将他接到家中居住了约半年。

1944 年

9 月，入读上海马当路通惠小学五年级。

1945 年

2 月，患伤寒症，在家休学半年。

9 月，休学后跳班一个学期，转入上海黄陂南路新新小学就读。

1946 年

2—6 月，上海黄陂南路新新小学读六年级。

7月，从上海黄陂南路新新小学毕业。

9月，入读上海复兴中路基督教圣公会主办圣德中学初中一年级。

1947年

9月，转入上海自忠路齐鲁中学初中二年级就读。

1948年

6月，因父母离世后，家庭没有经济生活来源，不得不辍学。

9月，在大姑妈范计氏的关怀下，由她推荐进入私人开设的、位于上海市九江路202号信馀皮革制品社做学徒工，维持自己的一日三餐温饱。

12月，哥哥计永年患坏血病离世。

1949年

5月，上海解放后，参加上海市总工会下属的上海市手工业工会。白天打工，清晨进入淮海中路的补习班补习高中数理化单科课程；晚上下班后进入上海市职工夜校分别补习高中数学、物理、化学等理科课程。

1950年

白天在信馀皮革制品工业社做学徒工，晚上和清晨补习初、高中理科课程。

1951年

进入四川北路广肇夜校中学重新补习缺失的初中三年级政治、历史、地理、语文、英语等课程。

1952年

9月，通过上海市手工业工会和上海市总工会推荐以同等学力报考，并以华东区化学方向百名录取生中第一名的优异成绩考取了山东大学化学系。

1953年

9月，大学二年级，由叶长岑教授主讲"分析化学"课程，赵鸿泰教授主讲"俄语"课程等。

1954年

9月，大学三年级，由留美回国的著名物理化学家刘遵宪教授主讲"物理化学"课程，邓从豪院士主讲"量子化学"课程等。

1955 年

留英回国的著名电化学家徐国宪教授讲授"热力学"和"电化学"课程。

在天津汉沽化工厂实习期间，获得山东大学 1955 年度学生优秀学年论文奖和优等生奖状。

经赵无蕴、赵石柱两位同学介绍加入了中国共产主义青年团。

1956 年

2 月，徐国宪教授亲自指导他的本科毕业论文——《电毛细管曲线研究》。

5 月，因学习成绩优秀，被山东大学推荐公派赴苏联留学，后因他的表兄在香港的海外关系，政治条件不合格，最后被迫取消。

7 月，从山东大学化学系毕业，在读期间成绩优秀，获得山东大学本科毕业证书（全班通过率为 58%）。通过选派，作为国内第一批原子能培养人才前往北京大学技术物理系第二机械工业部（现核工业部）技术干部训练班学习。

9 月，训练班学习的课程由钱三强教授负责，并由其做开学动员报告。

1957 年

在北京大学技术物理系学习和担任"放射化学引论"实验课论助教工作。

1958 年

4 月，北京大学第二机械工业部技术干部训练班结业。

9 月，第二机械工业部人事局将他调入第二机械工业部十二局衡阳中南矿冶公司生产处从事有关科技和生产管理工作。

10 月，在上海出差，住在上海大厦，经亲戚介绍认识杨惠英。

1959 年

5 月，他本人向第二机械工业部人事局申请，调到新建的衡阳矿冶工程学院工作，任助教，并担任代号"207"（物理化学）教研室副主任、二系（分析化学系）共青团支部书记、系务委员会委员。

10月，由衡阳矿冶工程学院和第二机械工业部教育处推荐进入南京大学化学系全国配位化学研究班深造。

1960年

3月，获"先进工作者"称号。

4月7日，在南京大学学习期间，与杨惠英结婚。

9月，南京大学配位化学研究班结业后，回到衡阳矿冶工程学院分析化学系，开始给本科生主讲"物理化学""物质结构""配位化学""结晶化学"四门课程。

9月，为代号"208"专业（分析化学专业）63届本科生主讲"结晶化学"课程，并自编讲义。

1961年

2—8月，为代号"208"专业（分析化学专业）63届本科生主讲"物质结构"课程，60学时，并自编讲义。

5月2日，大儿子计明在上海出生。

9月，为代号"208"专业（分析化学专业）64届本科生主讲"晶体化学"课程。

9月，夫人杨惠英从苏州铁路医院调入衡阳矿冶工程学院医务室工作。

1962年

2—8月，为代号"208"专业（分析化学专业）64届本科生主讲"物质结构"课程，60学时。

9月，在衡阳矿冶工程学院晋升为讲师。

1963年

2—8月，为代号"208"专业（分析化学专业）65届本科生主讲"物质结构"课程，60学时。

1964年

2—8月，为代号"208"专业（分析化学专业）66届本科生主讲"物质结构"课程，60学时。

2—7月，在衡阳市科委主办的业余大学主讲"化学热力学"课程，70学时。

2—8月，指导罗金莲、黄国勤等五名分析化学专业64届本科生毕业论文。

5月9日，被中共衡阳矿冶工程学院委员会和衡阳矿冶工程学院授予"1963年度社会主义建设积极分子"称号。

1965年

2—8月，为代号"208"专业（分析化学专业）67届本科生主讲"物质结构"课程，60学时。

2月，指导郭连发、杨传详、郝丙梅等八名分析化学专业65届本科生毕业论文。

4月，在指导的64届本科生罗金莲、黄国勤的毕业论文基础上，以第一作者在《科学通报》上发表论文《镉–吡啶络合物》。

1966年

2月，为代号"206"专业（冶金专业）69届本科生主讲"物质结构"和"络合物化学"两门课程，60学时，并自编《络合物化学》讲义。

2月，指导官树春、周行山、祝纪庆、夏维涛、徐德良五名分析化学专业66届本科生毕业论文。

3月，编写讲义《物质结构与络合物化学》上册。

5月，编写讲义《物质结构与络合物化学》下册。

6月，学校停课。

1967年

12月23日，二儿子计晴在上海出生。

1968年

2月，由上海回到衡阳矿冶工程学院，学校还处于停课状态。

1969年

10月，经中央批准，核工业部决定，衡阳矿冶工程学院停办，全院教职工均被下放到核工业部湖北钟祥县钱江九里公社凤凰山第二机械工业部"五七干校"劳动。

1970年

担任连队炊事员，与几个炊事员一起负责连队100多人的饭菜。

1971 年

"五七干校"劳动。

1972 年

9 月,调入广东矿冶学院(现广东工业大学)分析化学系任讲师,因配位化学专业的需要被借调到广东省有色金属研究院(现广东省工业技术研究院)参加用配位化学方法设计和制备"03045 铜萃取剂及其萃取机理研究"的冶金工业部攻关项目。

1973 年

参加广东省有色金属研究院冶金攻关项目"03045 铜萃取剂及其萃取机理研究"。

1974 年

参加广东石碌铜矿和恩平铜矿对"03045 铜萃取剂"萃取铜的中试工业试验。

1975 年

9 月,经广东省高教厅推荐,以人才引进调入中山大学金属系任讲师,从事配位化学和结构化学的教学和科研工作。

1976 年

在中山大学组建团队,开始研究生命体系中的配位化学,即生物无机化学。

赴山东新泰出席全国第一次铜萃取会议,并做了题为《反式羟肟铜萃取剂分子结构改变对萃取性能的影响》的大会报告。

协助广东省化学学会理事长、华南理工大学罗雄才教授和广东省化学学会秘书长、中山大学陈永兆教授,负责广东省化学学会的恢复筹建和恢复学术交流活动等具体工作。

1977 年

9 月,指导中山大学金属系钱顺发、左秀珍、谭月珍、钟阿宝四名本科生毕业论文。

获中山大学授予"科研积极分子"称号。

1978 年

3 月,继续参加广东省有色金属研究院合作项目,使中山大学荣获国家科委授予的"全国科学大会奖",中山大学为第二完成单位。

9月,指导金属系冯原祥、张凤仪等五名本科生毕业论文。9月,在南京召开的全国铜萃取会议上做题为《羟肟萃取剂萃铜过程中协萃剂——渗透剂(OT)的作用机理》的相关成果报告。

9月,陪同罗雄才理事长出席改革开放后第一次中国化学会年会,计亮年应邀做分会报告。

赴南京出席全国第二次铜萃取会议,并做题为《镉—硫代硫酸根络合物的极谱研究》的大会报告。

受聘为广东省化学学会副秘书长(1978—1986)。

被中山大学遴选为改革开放后中山大学第一批重点培养教师。

中山大学授予计亮年"先进工作者"称号。

1979年

2月,为中山大学76级金属化学专业本科生主讲"结构化学"课程,65学时;同时为79级化学系的分析化学和无机化学两个专业的研究生主讲"配位化学"课程,60学时。

5月,同时为本科生和研究生主讲"络合物研究方法"课程,该课程为国内第一次为研究生开设的新课程,并与山东大学樊悦朋老师一起编写了相应的新教材。

9月,为76级金属化学专业的本科生主讲电子光谱、红外光谱、核磁共振谱、电化学四种研究方法。

9月,赴广东肇庆组织和承办广东省化学学会复会后第一届化学学术讨论会(邀请香港代表),担任大会副秘书长。

广东省科学大会授予计亮年"科学技术工作中先进工作者"称号。

1980年

2—5月,为79级无机化学专业研究生开设"高等无机化学"课程,用英文原版教材,50学时。

7—9月,应青海省化学学会邀请在青海省西宁中国科学院盐湖研究所讲授"络合物的配位场理论及其应用"课程。

编写《络合物化学习题及答案》《高等无机习题》。

编译《络合物的配位场理论及其应用》，5 万字，主要译自 S. F. A. Kettle 的 *Coordination Compounds*，1977 年版；David Nicholls 的 *Complexes and First-Row Transition Elements*，1974 年版。

为西北五省暑期化学讲习班讲课。

在中山大学晋升为副教授，并担任无机化学教研室主任（1980—1986）。

1981 年

3 月 8 日，经夏敬谋、杨学强两位老师介绍，在中山大学加入中国共产党。

3—5 月，在教育部委托、中山大学承办的中南地区无机化学教师进修班主讲"无机化学"课程，30 学时，30 人。

7 月，荣获广东省科技成果奖三等奖，项目名称：03045 铜萃取剂合成与应用的研究（第四完成人）。

应邀在广东教师进修学院给 40 名学员讲 8 学时。

1982 年

4 月 16 日，组织在香港大学召开的第一届粤港两地化学会学术交流会，并在香港大学做邀请报告（4 月 17 日香港《大公报》《文汇报》等报刊对学术交流会做了较详细报道）。

9 月，赴南京出席中国化学会成立五十周年学术报告会兼全国化学会年会，并做题为《β-二酮类钴（Ⅱ）载氧体络合物载氧动力学研究》的分会报告。

9 月，赴鞍山出席全国第四届冶金物理化学学术会议，并做大会报告。

10 月，赴广东韶关组织和承办广东省第二届化学学术讨论会（邀请香港代表参加，收入论文 222 篇），担任大会秘书长。

10 月 18 日，赴美国西北大学进修一年（教育部公派进修），任访问学者。

1983 年

8 月 28 日，参加在美国华盛顿召开的第一百八十六次美国化学会全国年会，并做题为 *Ligand Substitution Effects on Organometallic*

Reaction 的口头报告。

9月1日，收录硕士研究生廖速波，无机化学专业，与团队林的的和杨学强老师共同指导，1986年授予其硕士学位。

9月1日，收录硕士研究生郑颖，无机化学专业，与团队曾添贤老师共同指导，1986年授予其硕士学位。

9月30日，美国西北大学巴索罗院士专门给时任中山大学化学系系主任林尚安教授写感谢信。

10月，大儿子计明在体检中发现患慢性粒细胞白血病。

11月，回国后，为中山大学化学系一年级本科生讲授"无机化学"基础课，行政上担任无机化学教研室主任和广东省化学学会秘书长，还与团队一起创建中山大学生物无机化学团队和实验室。

12月，与香港大学理学院院长潘宗光教授在"配位化学"领域进行科技合作。

经教育部批准成为生物无机化学专业硕士研究生导师，开始指导第一届研究生。

当选为广东省第二届科协委员（1983—1987）。

1984年

1月，主持中国科学院科学基金项目（1984—1986），项目名称：金属配合物对氧分子活化机理研究（1984.1—1986.12）。

1月，主持国家教委科技项目（1984—1986），项目名称：具有仿生活性的铜、钴、镍、锰等金属螯合物的结构性能及应用的研究（1984.1—1986.12）。

1月，主持广东省重点基金（1984—1986），项目名称：细胞色素P450模拟酶研究（1984.1—1986.12）。

9月，指导硕士研究生马吉祥，无机化学专业，与香港大学潘宗光教授、志支明教授共同指导，1987年授予其硕士学位。

9月，收录硕士研究生江涛，无机化学专业，与团队杨惠英老师共同指导，1987年授予其硕士学位。

10月，为无机化学专业83级研究生讲授"无机化学和配位化合物"的红外光谱和拉曼光谱"，50学时，英语授课（1984—1985）。

11月,赴武汉出席全国生物无机化学第一次学术会议,并做题为《四(4-铵基苯)卟啉合铁(Ⅱ)络合物的合成及热力学性质》的大会报告。

12月,因在1983—1984年的学会工作中取得优异成绩,中国化学会特给予表彰。

1985年

2月,编写《生物无机化学入门》和《无机化学专论》,由中山大学出版社出版。

2月,编写讲义《小分子氧配位活化理论及其应用》,由中山大学出版社印刷,为化学专业研究生教材。

8月,编写讲义《无机习题》。

8月,编写《无机化学习题》。

9月,收录硕士研究生何黎燕,无机化学专业,与香港大学潘宗光教授共同指导,1988年授予其硕士学位。

9月1日,收录硕士研究生刘敏,生物无机化学专业,1988年授予其硕士学位。

9月16日,受聘为云南师范大学兼职教授。

9月,承担85级化学系本科生"无机化学"课程,共135学时,其中计亮年主讲54学时,夏敬谋主讲81学时。

10月,为无机化学专业84级研究生讲授"无机化合物""配位化合物"课程,50学时,全英语授课。

11月,赴北京出席全国第一届溶剂萃取会议,并做题为《二(2-乙基己基)二硫代磷酸—吡啶溶剂萃取体系中钴(Ⅱ)的氧化研究》的大会报告。

11月,赴天津出席全国第三次金属有机化学会议,并做题为《茚基、芴基、吡咯基三羰基锰取代反应动力的机理》的分会报告。

1986年

6月30日,晋升为教授。

6月30日,赴上海交通大学出席全国石油化工生物工程学术讨论会,并做题为《细胞色素P450模拟酶合成及其应用于常温常压下催化苯氧化苯酚的研究》的大会报告。会后得到中国石油化工总公司的立项支持，提供经费 7 万元，项目名称：小分子氧配位仿生活化理论用于岳阳石油化工总厂环己烷氧化环己酮生产工艺过程（1987—1990）。

8 月 25 日，申请省科委重点研究项目。

9 月 1 日，收录硕士研究生赵相如，无机化学专业，与团队杨惠英老师共同指导，1989 年授予其硕士学位。

9 月 1 日，收录硕士研究生王文雄，无机化学专业，与团队黄锦汪讲师共同指导，1989 年授予其硕士学位。

9 月 1 日，收录硕士研究生黄亚冰，生物无机化学专业，与团队杨惠英老师共同指导，1989 年授予其硕士学位。

9 月 1 日，收录硕士研究生刘海洋，生物无机化学专业，与团队林的的和杨学强老师共同指导，1989 年授予其硕士学位。

9 月 11—16 日，赴德国慕尼黑出席 1986 年国际溶剂萃取会议，并应邀做题为 A Study of Oxidizing Process of Cobaltous in the Bis（2-ethylhexyl-dithiophos）Phonic Acid Additives, Solvent Etraction System 的报告；会议期间访问马克斯·普朗克研究所、斯图加特大学、法兰克福大学、洪海大学，以及奥地利莫扎特大学。

9 月 17 日，大儿子计明病故。

9 月，从事教学工作满 25 年，由广东省人民政府授予证书。

9 月，赴长沙出席全国第一届冶金物理化学学术讨论会，并做题为《二硫代磷酸合钴（Ⅱ）配合物氧化作用的研究》的大会报告。

11 月 21 日，中山大学生命科学学院生物工程研究中心成立，受聘为中心副主任（1986—1996）。

11 月，组织和承办在广东佛山召开的广东省第三届化学学术讨论会（邀请香港代表参加），担任大会秘书长。

当选为中国化学会第二十二届理事（1986—1990）。

荣获广东省人民政府授予广东省科技进步三等奖（第一完成人），项目名称：具有活化小分子氧过渡金属络合物及其应用（第一完成人）。

1987 年

1月8日，经中山大学学位评定委员会第十三次全体会议审核通过，批准计亮年为理学学科无机化学专业的硕士研究生指导教师。

1月，主持中国石油化工总公司（聚酰胺开发中心）重点科学技术探索研究（1987—1990）。

2月，为无机化学专业本科生主讲"生物无机化学导论"课程，编写《生物无机化学导论》（上、下册），由中山大学出版社出版。

6月27—29日，计亮年组织由中山大学承办的闽粤港三地第一次学术讨论会，担任大会秘书长，并做题为《两类铁卟啉化合物的化学性质研究》的大会邀请报告；担任会议论文集主编，收入论文102篇。

7月26—31日，赴南京出席第二十五届国际配位化学会议，担任分会议主席。

9月1日，收录硕士研究生吴志丹，无机化学专业，与香港大学潘宗光教授、支志明教授共同指导，1990年授予其硕士学位。

9月10日，荣获学校通报表扬及晋升工资一级的奖励。

10月，为无机化学专业85级、86级研究生讲授"无机化合物""配位化合物"课程，50学时。

10月，赴西安出席全国第二次工业生化学术会议，并做题为《D-果糖与硼有机物的配合物稳定性研究》的大会报告，该报告被评为大会优秀论文。

11月，赴北京出席全国生命科学中的化学问题研究讨论会，并做题为《化学在工业领域面临的挑战——生物工程中的若干化学问题》的大会报告。

11月11—12日，赴香港出席"环境转变中香港化学程序工业的前景"国际会议，担任大会主席团成员，并应邀做题为 Hong Kong's Opportunity in the Development of Chemical Industry in Guangdong 的报告。

11月28日，被广州市化学化工学会聘任为第四届理事会理事。

12月5—10日，赴成都出席中国石油化工总公司聚酰胺开发中心年会，做大会邀请报告。

当选为广东省第三届科协委员兼常委（1987—1991）。

1988 年

1月5日，广东省人民政府授予其立功证书，因工作成绩显著，晋升工资一级。

1月，主持国家自然科学基金，项目名称：小分子氧配位活化理论与具有活化氧分子的配合物研制（1988—1990）。

1月，主持广东省高校重点学科基金，项目名称：多孔无机载体固定化葡萄糖氧化酶（1988—1991）。

1月，被中共中山大学委员会授予1987年度"优秀共产党员"称号。

2月，为无机化学专业本科生主讲"生物无机化学导论"课程。

6月25日，广东省科协授予其"学会积极分子"称号。

8月，应邀出席由北京国家教委主办、清华大学承办的生命科学与化学研讨班，为学员讲课。

9月1日，收录硕士研究生覃夏，生物无机化学专业，与团队黄锦汪教授共同指导，1991年授予其硕士学位。

9月1日，收录硕士研究生叶保辉，无机化学专业，与团队曾添贤教授共同指导，1991年授予其硕士学位。

9月，编写《生物无机化学实验导论》，由中山大学出版社出版。

10月，荣获广东省高教局科技进步三等奖（第一完成人）。

10月，赴上海出席全国"生命前沿学术讨论会"（庆祝中国科学技术协会成立三十周年），并做题为《生物工程在化学工业中的应用潜力和发展前景》的大会报告。

12月12—17日，在香港、广州相继组织和承办亚太地区石油专用品技术和工业发展会议，负责会议论文集出版工作。

被中共广东省委宣传部授予"广东省高等学校优秀共产党员"称号。

中山大学光电材料与技术国家重点实验室成立，受聘担任固定研究成员（1988年至今）。

1989 年

1 月，主持国家自然科学基金项目，项目名称：特性金属配合物为探针研究 DNA 的结构、构象和功能关系（1989.1—1992.12）。

1 月，主持广州市重点科技攻关项目，项目名称：生物催化剂试制系列性微量元素药品（1989.1—1994.12）。

1 月，主持国家教委高等学校博士点基金，项目名称：金属离子与配合物促进异构酶的激活研究（1989.1—1992.12）。

1 月，在广州组织和承办第三届全国生物无机化学学术讨论会，担任大会秘书长和会议论文集主编，收入论文 181 篇。

2 月，为无机化学专业 87 级、88 级研究生讲授"无机化合物""配位化合物"课程，50 学时，英语授课（1989.2—1989.6）。

2 月，为无机化学专业本科生主讲"生物无机化学导论"课程。

7 月，赴兰州出席第五届全国催化科学学术会议，并做邀请报告。

7 月，小儿子计晴在中山大学化学系本科毕业。

9 月 1 日，收录硕士研究生刘军锋，无机化学专业，与团队黄锦汪教授共同指导，1992 年授予其硕士学位。

9 月 1 日，收录硕士研究生章捷，无机化学专业，1992 年授予其硕士学位。

9 月 8 日，成为英国皇家化学会会员［Fellow of the Royal Society of Chemistry（FRSC）］，并被授予"特许化学家"（Chartered Chemistr）称号。

9 月，二儿子计晴考取美国田纳西州立大学，攻读硕士学位。

12 月 9—11 日，赴南京出席第一届全国配位化学学术讨论会，并做分会报告。

1990 年

1 月，获得英国皇家化学会 1990 年度个人研究基金。

1 月，被国务院学位委员会批准为博士研究生导师，开始指导硕博连读和博士研究生叶保辉、王雷、毋福海等。

2 月，为无机化学专业 87 级本科生、89 级和 90 级研究生讲授

"生物无机化学导论"课程。

2—5月，主持中国—瑞士两国政府基金会国际合作项目（金属配合物对DNA键合研究），前往巴塞尔大学做访问教授，每年去瑞士工作3个月。

3月，在广东深圳组织和承办第四届广东省化学学术讨论会（邀请香港代表参加），担任大会秘书长及会议论文集主编，收到论文355篇。

4月23—26日，赴武汉出席第一届国际应用生物无机化学会议，担任组委会委员。

6月，计亮年、史启祯等译著的《空气敏感化合物的操作》由兰州大学出版社出版。

8月17日，赴美国埃文斯通出席第一届巴索罗暨七十华诞国际会议，担任会议主席，并应邀做报告。

8月19—24日，赴美国底特律出席第十四届有机金属化学国际会议。

9月1日，收录硕士研究生李弘毅，无机化学专业，与团队杨惠英老师共同指导，1993年7月授予其硕士学位。

9月1日，收录硕博连读研究生王雷，无机化学专业，在团队曾添贤教授的协助下共同指导，1995年7月授予其博士学位。

10月，受聘为国际刊物《无机化学学报》（*Inorganica Chimica Acta*）专家评审小组成员。

10月，赴福州出席全国第三次工业生化学术会议，并做分会报告。

12月，受聘为南京大学配位化学国家重点实验室第一届学术委员会委员（1991.1—1995.12）。

当选为中国化学会第23届理事会理事（1990—1994）。

计亮年、莫庭焕编写的《化学在生物工程领域面临的挑战》作为一章编入由王夔主编的《生命科学中的化学问题》一书。

1991年

1月，获得英国皇家化学会1991年度个人研究基金，项目名称：

Studies on electronic structure and related properties of biological function complexes for DNA by method and experimental measurement。

1月，主持国家自然科学基金项目（1991.1—1993.12）。

2月，为88级无机化学专业本科生主讲"生物无机化学导论"课程，60学时。

6月，被中山大学授予"先进工作者"称号。

8月4—10日，赴英国牛津大学出席第五届国际生物无机化学会议，并应邀做题为 The Synthesis Characterization and Crystal Structure of Cis-Bis（1, 10 – phenanthroline）Glycine Cobalt（Ⅲ）的报告。

8月，主持中国—瑞士两国基金会国际合作项目，前往巴塞尔大学任访问教授（8—11月）。

9月1日，收录硕士研究生郭刚军，无机化学专业，1994年7月授予其硕士学位。

9月1日，收录硕士研究生陈石明，无机化学专业，与团队刘建忠老师共同指导，1994年7月授予其硕士学位。

9月1日，收录博士研究生毋福海，无机化学专业，在团队宋彬博士的协助下共同指导，1994年7月授予其博士学位。

11月8日，当选广东省化工学会第五届理事会理事（1991—1995）。

12月7—12日，在广州组织和承办全国第二次高等学校生命化学研讨会，担任大会秘书长和会议论文集主编，并做大会报告。

12月22日，被广东省科协授予学会工作个人荣誉奖。

当选为广东省第四届科协委员兼常委（1991—1995）。

1992年

1月，获得英国皇家化学会1992年度个人研究基金。

1月，主持国家自然科学基金，项目名称：特性金属配合物为探针研究核酸结构、构象、性质和功能（1992.1—1994.12）。

1月，主持广东省高校重点科学基金，项目名称：葡萄糖氧化酶固定化研究（1992.1—1994）。

2月，为无机化学专业89级本科生、91级和92级研究生主讲

"生物无机化学导论"课程。

4月30日，被广东省化学学会聘为广东省化学学会理事长。

5月15日，论文《金属卟啉模拟细胞色素P450单加氧酶体系的研究》被评为1990—1991年度广东省自然科学优秀学术论文一等奖。

5月16日，被广东省科委聘任为1992年广东省科委科学基金项目和青年科学基金项目评审专家。

5月，主持中国—瑞士两国基金会国际合作项目，前往巴塞尔大学做访问教授（5—8月）。

8月，赴北戴河参加中国化学会第四届无机化学学术讨论会，并做题为《新型尾式金属卟啉配合物的合成、表征及其催化和载氧功能》的分会报告。

8月23—29日，赴意大利佛罗伦萨出席环境化学的生物无机和生物技术会议，担任顾问委员，并应邀做报告。

9月1日，收录硕士研究生娄鑫，无机化学专业，与团队杨惠英讲师共同指导，1995年7月授予其硕士学位。

9月1日，收录硕博连读研究生吴建中，无机化学专业，与团队曾添贤副教授共同指导，1997年7月授予其博士学位。

9月1日，收录博士研究生焦向东，无机化学专业，与团队黄锦汪副教授共同指导，1995年7月授予其博士学位。

9月1日，收录博士研究生刘展良，无机化学专业，与团队黄锦汪副教授共同指导，1995年7月授予其博士学位。

9月10日，受聘为中山大学化学系教授，聘期从1992年9月至1996年9月。

9月，主持国家教委高等学校博士点基金（1992.9—1995.3）。

9月，主编《生物无机化学导论》（第一版），由中山大学出版社出版。

10月1日，被国务院授予"为发展我国高等教育事业做出突出贡献"称号，获政府特殊津贴和证书。

10月，受聘为国际刊物《金属药物》（*Metal-Based Drugs*）国际编委。

10月，荣获广东省高等教育局一等奖。

11月16日，被中共中山大学委员会和中山大学授予"优秀研究生导师"称号。

12月5日，在广州组织和承办庆祝中国化学会成立六十周年大会暨1992年广东省化学学会科学论文报告会。

12月8—12日，在广州组织和承办第二届国际应用生物无机化学研讨会，担任国际组委会委员秘书长、副主席，国内组委会主席，担任会议论文集主编，收集论文204篇。

12月14—18日，赴泰国曼谷参加第三届欧亚化学大会，并做题为 The Synthesis and Characterization of a New Tailed Metalloporphyrin Coordination Compounds and its Catalysis and Carrying Function 的邀请报告。

1993年

1月，主持国家科委中国—希腊科技合作项目（1993—1995），项目名称：新的过渡金属配合物作为潜在的化学治疗药物。希腊主持人为尼科斯·卡萨罗斯（Nikos Katsaros）教授。

2月，为89级无机化学专业本科生主讲"生物无机化学导论"课程。

3月15日，被中国化学会聘为《无机化学学报》编委。

5月19日，论文《不对称铁卟啉的合成及其模拟细胞P450对环己烷的羟化作用》获中共广东省委宣传部、广东省新闻出版局、广东省科协等联合举办的"广东省期刊1992年优秀作品"一等奖。

6月11日，赴香港科技大学讲学，与香港科技大学李晓原教授通过合作项目共同指导叶保辉、薛根强、章浩、巢晖四名研究生（1993—1998）。

6月，荣获国家教育委员会授予国家教委科技进步奖（甲类）二等奖（第一完成人）。

8月23—27日，赴美国圣地亚哥出席第六届国际生物无机化学会议，应邀做题为 The Synthesis of Model System of Cytochrone P450 Monooxygenases and Transformation of Organic Substrates 的报告，会议期间

顺访墨西哥。

9月1日，收录博士研究生杨光，无机化学专业，与团队曾添贤副教授共同指导，1996年7月授予其博士学位。

9月1日，收录博士研究生乐学义，无机化学专业，1996年7月授予其博士学位。

9月1日，收录博士研究生何宏山，无机化学专业，与团队黄锦汪副教授共同指导，1996年7月授予其博士学位。

9月23日，被国家教委科技司聘为《高等学校化学学报》（中英文版）第三届编委。

9月，主持广东省自然科学基金，项目名称：生物体系中氧分子活化模拟及其应用（1993.9—1995.9）。

9月，开始指导博士后鲁统部，1995年7月博士后出站。

10月，赴南京出席全国第二届配位化学会议，并做分会报告。

由中山大学和三位院士推荐第一次申请中国科学院院士，未能入选，但进入初步候选人名列。

1994 年

1月26日，被任命为中山大学化学与化学工程学院首任院长（1994—1999）。

1月，主持国家自然科学基金，项目名称：小分子氧配位活化理论与具有活化氧分子的配合物研制（1994.1—1996.12）。

2月，为90级无机化学专业本科生主讲"生物无机化学导论"课程。

3月8—16日，赴韩国釜山出席生物无机化学国际会议，应邀做题为 The Molecular Oxygen Activation and Hydroxylation by Metalloporphyrins as a Model of Cytochrome P450—Review 的大会报告；会议期间顺访釜山大学，并做报告。

4月19日，受聘为广州地区第三届化学化工研究生学术论文研讨会顾问。

7月15—18日，赴山西太原出席全国生物无机化学前沿讨论会，应邀做题为《识别DNA和O_2的功能配合物的合成、作用机制及其应用》的大会报告。

8月4日，被广东省科协授予"学会先进工作者"称号。

9月1日，收录硕士研究生陈晗，无机化学专业，1997年7月授予其硕士学位。

9月1日，收录博士研究生刘海洋，无机化学专业，与团队黄锦汪副教授共同指导，1997年7月授予其博士学位。

9月，指导博士后毛宗万，无机化学专业，1996年6月博士后出站。

9月，赴济南出席全国第七届大环化合物学术讨论会，并做题为《金属卟啉作为细胞色素P450模拟体系对氧分子的活化和有机物的羟化作用》的大会报告。

12月11—15日，赴澳大利亚珀思出席第三届应用生物无机化学国际会议，应邀做题为 Functions and Coordination Models of Terminal Group in Tailed Metalloporphyrin Coordination Compounds 的特邀主题报告。

12月17—20日，赴马来西亚吉隆坡出席第四届欧亚化学大会，应邀做大会报告；会议期间顺访新加坡大学，并做题为 Interaction of Ruthenium Polypyridyl Coordination Compounds with DNA 的报告。

12月，在广东东莞组织和承办广东省第五届化学学术研讨会（邀请香港代表参加），担任大会秘书长及会议论文集主编，收入论文283篇。

1995年

1月，获得英国皇家化学会1995年度个人研究基金。

2月14—17日，与高雄中山大学理学院院长张宗仁教授作为两岸联系人，首次组织两岸中山大学数理化学科暨厦门大学化学学科学术交流讨论会，应邀做题为《钌多吡啶配合物对DNA的分子识别》的大会报告。

2月，为91级无机化学专业本科生主讲"生物无机化学导论"课程。

8月14—19日，赴土耳其伊斯坦布尔出席第三十五届国际纯化学与应用化学大会，应邀做题为 Axial Coordination Model of Novel Tailed Porphyrin Iron Complexes and Iron（Ⅱ）Porphyrin Dimers and Their Properties of Activate Dioxygen 的报告。

8月20—27日，赴希腊雅典与希腊科技部部长、国际著名生物无机化学家尼科斯·卡萨罗斯（Nikos Katsaros）教授共同主持中国—希腊两国政府科技合作项目；期间顺访法国巴黎第六大学和第七大学，以及荷兰兰登大学，并应邀做报告和参加座谈会。

9月1日，收录硕士研究生彭新煜，无机化学专业，与团队鲁统部副教授共同指导，1998年7月授予其硕士学位。

9月1日，收录博士研究生贺小凤，无机化学专业，1998年12月授予其博士学位。

9月1日，收录博士研究生任奇志，无机化学专业，与团队黄锦汪副教授共同指导，1998年12月授予其博士学位。

9月1日，收录博士研究生龙腊生，无机化学专业，与陈小明教授共同指导，1998年12月授予其博士学位。

9月3—8日，赴德国吕贝克出席第七届生物无机化学国际会议，应邀做题为 Synthesis Characterization of Ruthenium（Ⅱ）Polypyridine Complexes and Interaction with DNA 的报告。

9月17—23日，赴俄罗斯出席国际纯化学和应用化学联会第三届生物无机化学国际会议，在会上介绍1996年将在中国中山大学召开第五届欧亚化学大会的概况。

9月25日，著作《生物无机化学导论》（第一版）被评为中山大学第三届优秀教材。

9—11月，第四次赴瑞士进行中国—瑞士两国基金会国际合作项目结题，任巴塞尔大学访问教授。

11月3—6日，出席在广州召开的国际纯粹应用化学联合会第六届金属大环配合物学术研讨会，应邀做题为 Preparation and Characterization of Ruthenium Polypyridyl Schiff Base Coordination Compounds with the Potential to Bind Enantio Selectively to DNA 的报告。

11月，荣获香港教育基金会首届"孺子牛金球奖"荣誉奖，全国共评选35名高等学校教师，1995年8月16日公布在《光明日报》上。

12月30日，著作《生物无机化学导论》（第一版）获中华人民共和国国家教育委员会授予的第三届普通高等学校优秀教材二等奖（第一完成人）。

12月，出席国家自然基金会国际合作交流研讨会，并做题为《国际合作交流促进我们的基础与应用研究与国际水平接轨》的邀请报告。

12月，由中山大学和三位院士推荐第二次申请中国科学院院士，已进入正式候选人，但未能入选。

1996年

1月，主持国家自然科学基金，项目名称：手性钌配合物的合成、拆分及其对DNA构象的分子识别（1996.1—1998.12）。

1月，主持国家教委博士点基金，项目名称：金属多吡啶配合物识别DNA的机制及其应用（1996.1—1998.12）。

1月，受聘为南京大学配位化学国家重点实验室第二届学术委员会委员（1996.1—2000.12）。

2月，为92级无机化学专业本科生主讲"生物无机化学导论"课程。

5月，被中国科学技术协会授予"科学技术协会先进工作者"称号。

7月，荣获广东省自然科学奖评审委员会授予的自然科学奖一等奖（第一完成人），项目名称：混配配合物的生物功能、作用机制及其应用探索；同年也荣获广东省高教厅一等奖（第一完成人）。

9月1日，收录博士研究生彭小彬，无机化学专业，与团队黄锦汪副教授共同指导，1999年7月授予其博士学位。

9月1日，收录博士研究生甄启雄，无机化学专业，在团队叶保辉讲师和王雷博士的协助下共同指导，1999年7月授予其博士学位。

9月1日，收录硕博连读研究生邹小华，无机化学专业，在团队熊亚博士和叶保辉博士的协助下共同指导，2001年7月授予其博士学位。该博士的学位论文被初评为当年全国百篇优秀论文提名奖。

9月1日，收录博士后熊亚，无机化学专业，1998年博士后出站。

9月10日，被中山大学授予师德建设先进个人奖。

9月10日，受聘为暨南大学客座教授。

12月10—14日，在广州组织和承办第五届欧亚化学大会，来自45个国家的460多位代表在广州白天鹅宾馆欢聚一堂，计亮年担任会议秘书长和欧亚国际会议组织委员会委员，会后主编《第五届欧亚化学大会论文集》，由中山大学出版社出版，收入论文606篇。

12月20日，编著的《生物无机化学导论》入选"中国'八五'科学技术成果选"。

1997年

1月1日，荣获中山大学先进工作者奖励证书。

3月26日，被广东国际科学技术合作协会聘为第一届协会理事。

3月31日，被中国科学院兰州化学所聘为羰基合成与选择氧化（OSSO）国家重点实验室第三届学术委员会委员。

4月10—14日，赴南非开普敦出席第四届应用生物无机化学国际研讨会，应邀做题为 *Conformation Equilibrium of Iron-Metal-Free Porphyrin Dimers and its Effect of Catalytic Hydroxy Lation of Cyclohexane* 的主题报告。

5月7日，荣获广东省高教厅授予广东省教育教学成果一等奖（第一完成人）。

7月27日—8月4日，赴日本出席第八届生物无机化学国际会议，应邀做题为 *Binding of Novel Octahedral Metal Complexes to DNA* 的特邀报告。

9月1日，收录博士研究生巢晖，无机化学专业，与团队叶保辉讲师共同指导，2000年7月授予其博士学位。

9月1日，收录博士研究生刘劲刚，无机化学专业，2000年7月授予其博士学位。

9月1日，收录博士研究生杨仕平，无机化学专业，与陈小明教授共同指导，2000年7月授予其博士学位。

9月10日，被中山大学授予师德建设先进个人奖。

9月，被中共广东省委和广东省人民政府授予"广东省劳动模范"称号。

9月，赴西安出席全国第三届配位化学会议，应邀做题为《手性氨基酸桥联锌双卟啉二聚体超分子自组装体系的研究》的大会报告。

10月24日，荣获国家教育委员会授予国家级教学成果二等奖（第一完成人）。

10月，被中国化学会聘为《无机化学学报》编委。

10月，主持广东省自然科学基金，项目名称：核酸探针和切割剂的设计、合成、作用和应用的研究（1997.10—2000.9）。

由中山大学和三位院士推荐第三次申请中国科学院院士，但未能入选。

1998 年

1月，主持国家自然科学重点基金（子课题）（1998.1—2001.12）。

1月，被中国科学院兰州化学物理研究所聘为《分子催化》刊物第四届编委会委员。

1月，由国家科委组织，赴希腊主持中国—希腊两国政府联合研究与科技合作项目"钌多吡啶配合物的合成以及作为化学核酸酶和抗癌药"（1998.1—2000.6），与希腊约阿尼纳大学国际著名生物无机化学家尼克·阿齐利亚迪斯（Nick Hadjiliadis）教授共同主持和指导研究生。

3月5日，获1997年普通高等学校国家级教学成果二等奖（第一完成人），中山大学特此颁发荣誉证书和奖金。

6月7—12日，赴美国夏威夷出席第23届国际大环化学会议，应邀做题为《连接含氮碱的铁卟啉的一种新配位模型》的报告。

8月30日—9月4日，赴意大利出席第33届国际配位化学会议，应邀做题为 A Novel Architecture of DNA Mediated Luminescence Quenching 的报告。

9月1日，收录硕士研究生薛根强，无机化学专业，与团队叶保辉讲师和李晓原教授共同指导，2001年7月授予其硕士学位。

9月1日，收录博士研究生李涛，无机化学专业，与团队黄锦汪副教授共同指导，2001年7月授予其博士学位。

9月1日，收录博士研究生章浩，无机化学专业，与香港科技大学李晓原教授共同指导，2001年7月授予其博士学位。

9月1日，收录博士研究生张黔玲，无机化学专业，2001年7月授予其博士学位。

9月1日，收录博士研究生刘建忠，无机化学专业，2001年7月授予其博士学位。

9月1日，收录博士研究生胡小鹏，无机化学专业，与蔡继文教授共同指导，2001年7月授予其博士学位。

9月1日，收录博士研究生李红，无机化学专业，2002年7月授予其博士学位。

9月8日，被中山大学授予"先进科技工作者"称号。

9月，收录博士后刘杰，无机化学专业，2000年7月博士后出站。

10月16—20日，赴北京出席香山超分子体系国际会议，应邀做题为 Study of Molecular Recognition Mechanism in Supramolecular System of Ruthenium（Ⅱ）Polypyridyl Complexes and DNA 的报告。

11月1—4日，赴天津出席全国第九届大环化学暨首届超分子化学学术讨论会，应邀做大会专题报告。

11月，受聘为第五届广东省科协"丁颖科技奖"专家评审组成员。

12月，荣获广东省自然科学奖一等奖（第七完成人）。

应邀担任国际应用生物无机化学会议国际组织委员会委员（1998年至今）。

1999年

1月，主持国家自然科学基金，项目名称：金属卟啉配合物对轴向配体的手性分子识别及其激活机制（1999.1—2001.12）。

1月，香港科技大学李晓原教授主持国家杰出青年科学基金（B类），计亮年为该项目国内负责人，项目名称：与一氧化氮生物有关的几个金属酶的化学模拟研究（1991.1—2001.12）。

1月30日，荣获教育部科技进步奖（发明类）二等奖（第一完成人），项目名称：生物工程方法生产葡萄糖酸锌（镁、锰、内酯）新工艺的研究。

1月30日，荣获教育部科技进步奖（基础类）二等奖（第一完成人），项目名称：金属酶体系的结构、机制和模拟研究。

3—6月，受聘为香港科技大学化学系访问教授。

4月13—17日，赴希腊出席第五届国际应用生物无机化学会议，担任国际组委会委员，应邀做题为 Mechanisms Functions and Model Studies for Oxides System and Enzyme Catalysis Application on Cleaning Production Trace Element Medicine 的报告。

7月31日，出席在香港科技大学召开的 The 6th International SPACC（Society of Pure and Applied Coordination Chemistry）Symposium-Supramolecular Systems and Green Earth Chemistry，担任组委会委员，应邀做题为 Ru-polygyridine Complexes as Probes for DNA Structure and Dynamics 的报告。

9月1日，收录博士研究生刘捷，无机化学专业，与团队鲁统部副教授共同指导，2002年7月授予其博士学位。

9月1日，收录博士研究生蒋才武，无机化学专业，与团队巢晖副教授共同指导，2002年7月授予其博士学位。

9月1日，收录博士研究生徐星满，无机化学专业，与团队毛宗万副教授共同指导，2004年7月授予其博士学位。

9月6日，受聘为中山大学历届博士研究生政治理论课任课教授，每年给研究生讲授"现代科学技术革命和马克思主义理论"（四节课）。

11月30日—12月3日，赴香港中文大学出席绿色化学小型研讨会，应邀做报告。

12月11—16日，赴印度加尔各答出席庆祝印度化学会成立六十周年大会，应邀做题为 *Kinetics and Mechanism of Binding Reaction of Δ and Λ Coordination Compounds with Double Helical DNA* 的特邀报告。

由中山大学和三位院士推荐第四次申请中国科学院院士，进入正式候选人，但未能入选。

2000 年

4月，被国务院授予"全国先进工作者"称号。

4月19日，受聘为中山大学芙兰奖评选委员会委员。

6月28日，受聘为同济大学兼职教授。

7月2—5日，赴捷克共和国布尔诺出席DNA构象修饰与识别在生物医药中的应用国际会议，应邀做题为 *Kinetics and Mechanism of Interactions of Chiral Ruthenium Compounds as an Antitumor Drugs with DNA* 的主题报告。

7月9—14日，赴英国爱丁堡出席第34届国际配位化学会议，应邀做题为 *Kinetics and Mechanism of Interaction of Chiral Ruthenium Complexes with Double Helical DNA* 的报告。

7月，赴威海出席全国第五届无机化学学术会议，并做大会报告。

8月31日，受聘为中山大学2000级博士研究生公共理论课任课教授。

9月1日，收录硕博连读研究生宋海燕，无机化学专业，与团队刘建忠副教授共同指导，2005年授予其博士学位。

9月1日，收录博士研究生邓洪，无机化学专业，2003年7月授予其博士学位。

9月1日，收录博士研究生徐宏，无机化学专业，在团队郑康成教授的协助下共同指导，2003年7月授予其博士学位。

9月1日，收录博士研究生梅文杰，无机化学专业，与团队刘杰副教授共同指导，2003年7月授予其博士学位。

9月1日，收录博士研究生王湘利，无机化学专业，与团队巢晖副教授共同指导，2004年7月授予其博士学位。

9月25—27日，赴西安出席第二届全国物理无机化学学术讨论会，并做邀请报告。

10月，被中国照明学会聘为第三届中国照明学会光生物学和光化学专业委员会委员。

11月1—3日，赴福州出席中国化学会第一届酞菁化学及其应用学术会议，并做大会报告。

11月，被宝钢教育基金会理事会授予2000年度"优秀教师奖"称号。

11月3—8日，赴武汉出席第七届全国生物无机化学学术讨论会，并做大会报告。

11月14—17日，赴北京出席中国化学会2000年学术年会兼化学生物学专业成立学术会议，当选为学术委员会委员，并做题为《钌多吡啶配合物的合成、功能及其与生物大分子作用机制研究》的邀请报告。

获聘为中国化学会无机专业委员会副主任（2000—2004）。

2001年

1月，主持国家自然科学基金，项目名称：金属配合物研究DNA结构、功能及其作用机制（2001.10—2003.12）。

3月，撰写的《交叉学科的研究推动了化学学科的发展》作为一章编入林定夷主编的《科学·社会·成才（一）》一书，该书2001年由中山大学出版社出版。

4月，出席在北京召开的无机化学学科国家自然科学基金项目研究成果报告会，并做题为《金属酶模型化合物的结构、生物功能、作用机制之间规律性》的大会报告。

5月22日，受聘为韶关学院客座教授。

5月25日，荣获中国高校技术奖励委员会授予中国高校自然科学奖二等奖（第一完成人）。

5月，被中国科学技术协会授予"全国优秀科技工作者"荣誉称号。

6月29日，受聘为广东省中学生奥林匹克竞赛管理委员会副主任委员。

8月30日—9月3日，赴意大利佛罗伦萨出席第十届国际生物无机化学会议，应邀做题为 *Photoaceivated Cleavage of DNA by Enantiomeric Ruthenium（Ⅱ）Complexes* 的报告。

9月1日，收录硕士研究生杨毅，无机化学专业，与团队巢晖副教授共同指导，2004年7月授予其硕士学位。

9月1日，收录硕士研究生王腾利，无机化学专业，与团队刘建忠副教授共同指导，2004年7月授予其硕士学位。

9月1日，收录博士研究生洪显兰，无机化学专业，与团队巢晖副教授共同指导，2004年7月授予其博士学位。

9月1日，收录博士研究生熊亚红，无机化学专业，与团队刘建忠副教授共同指导，2004年7月授予其博士学位。

主编的《生物无机化学导论》（第二版）由中山大学出版社出版。

由中山大学和三位院士推荐第五次申请中国科学院院士，进入正式候选人，但未能入选。

2002年

1月，主持广东省自然科学基金，项目名称：核酸光开关试剂盒人工核酸酶的合成、作用机制及其功能（2001.1—2004.12）。

1月，获得英国皇家化学会2002年度个人研究基金。

2月28日，荣获中国高校技术奖励委员会授予的中国高校科学技术奖二等奖，项目名称：系列多核及聚合配合物的分子组装规律及结构与性质（第七完成人）。

3月9—12日，赴巴基斯坦卡拉奇出席第七届欧亚化学大会，担任国际顾问委员会委员、会议主席团成员，并做题为 *Ruthenium Complexes as Molecular "Light Switch" for DNA：Mechanism and Application* 的大会邀请报告。

4月23日，受聘为广东省科学技术协会荣誉委员。

9月1日，收录硕博连读研究生石硕，化学生物学专业，与团队刘杰副教授共同指导，2007年7月授予其博士学位。

9月1日，收录博士研究生谭黎峰，无机化学专业，与团队巢晖副教授共同指导，2005年7月授予其博士学位。

9月1日，收录博士研究生刘云军，无机化学专业，与团队巢晖副教授共同指导，2005年7月授予其博士学位。

10月16日，二儿子计晴和媳妇张琳在美国结婚。

10月28—30日，赴北京出席第二届全国化学生物学学术会议，担任学术委员会委员，并做题为《金属配合物研究RNA和DNA的结构与功能的新发展》的大会特邀报告。

2003年

1月，主持国家自然科学基金重点项目（子课题），项目名称：金属生物大分子与DNA相互作用的化学基础（2003.1—2006.12）。

3月，编写中山大学2003年博士研究生入学考试配位化学和结构化学试题以及试题答案。

7月19—23日，赴澳大利亚凯恩斯出席第十一届国际生物无机化学会议，担任国际组织委员会委员，应邀做题为 Studies of Electron Transfer between Metal Complexes and DNA by the DFT Method and Photochemistry 的特邀报告。

11月，第六次申请中国科学院院士，由7位中科院院士推荐，成功增选为中国科学院院士。

在《国际纯粹与应用化学研究杂志》之《东方化学杂志》（An International Research Journal of Pure and Applied Chemistry—Oriental Journal of Chemistry）担任编委会顾问编委。

担任《中山大学学报（自然科学版）》编委。

2004年

1月，主持国家教委高等学校博士点基金，项目名称：金属配合物和RNA或功能基因的作用机制及其生物功能（2004.1—2007.12）。

1月，被中国科学院兰州化学物理研究所聘为《分子催化》刊物第五届编委。

4月2—5日，出席在香港召开的第八届国际应用生物无机化学会议，担任国际顾问委员会委员，应邀做题为 Biology Functions of Polypyridyl Complexes in Biomedicine and the Exploration for DNA Structure

Configuration and Binding Mechanism 的报告。

4月23日,被中山大学老教授协会聘为第一届理事会顾问。

4月24—27日,赴湖南长沙出席中国化学会第二十四届学术年会,并做大会特邀报告。

6月,在北京人民大会堂参加中国科学院第十二次院士大会。

7月,应邀分别在北京大学和国家基金委战略研讨会上做题为《交叉学科研究,推动生物无机化学学科发展》的报告。

9月1日,收录硕博连读研究生孙斌,无机化学专业,与团队巢晖副教授共同指导,2009年7月授予其博士学位。

9月1日,收录博士研究生高峰,无机化学专业,与团队巢晖副教授共同指导,2007年7月授予其博士学位。

9月1日,收录博士研究生彭斌,无机化学专业,与团队巢晖副教授共同指导,2007年7月授予其博士学位。

9月1日,收录博士研究生谭彩萍,无机化学专业,与团队刘杰副教授共同指导,2007年12月授予其博士学位。

9月10日,"激励学生学习兴趣,培养学生创新能力"课题荣获中山大学教学成果一等奖,为第五完成人;该课题于2005年8月荣获第五届广东省高等教育省级教学成果奖一等奖,为第五完成人。

11月6日,荣获中山大学化学与化学工程学院授予的"特别贡献奖"。

12月8日,被中国分析测试学会聘为《分析测试学报》第四届编委会顾问编委。

12月16—18日,出席在广州召开的精细化工与药物国际会议,并做大会邀请报告。

12月19—22日,出席在香港召开的第五届国际华人无机化学研讨会,担任分会主席。

12月24日,为中山大学附属中学做邀请报告。

12月,从同济大学兼职教授转为双聘院士(2004—2006),并做邀请报告。

12月,受聘为上海师范大学生命与环境科学学院特聘教授。

2005 年

2月26日,为中山大学珠海校区全校新生做报告。

3月30日,受聘为山东大学兼职教授。

5月30日,受聘为华南师范大学客座教授。

6月6日,被广东省院士联络中心邀请在广东科学馆为广东院士论坛做首场报告会的专题学术报告。

7月,应邀在同济大学百年校庆做报告。

8月20—22日,在新疆乌鲁木齐县板房沟中心学校、新疆生产建设兵团第一中学、新疆师范大学附属中学分别做科普报告;受聘为新疆生产建设兵团第一中学名誉校长、科学顾问。

8月25日,出席在新疆乌鲁木齐召开的中国科协2005年学术年会,并做大会报告。

8月25日,荣获广东省教育厅授予的第五届广东省高等教育教学成果奖一等奖,为第五完成人。

9月1日,收录硕士研究生程学礼,无机化学专业,与团队刘建忠老师共同指导,2007年7月授予其硕士学位。

9月1日,收录博士研究生陈兰美,化学生物学专业,与团队刘杰老师共同指导,2008年7月授予其博士学位。

9月1日,收录博士研究生丰九英,化学生物学专业,与团队刘建忠老师共同指导,2008年7月授予其博士学位。

9月1日,收录博士研究生袁益娴,化学生物学专业,与团队巢晖老师共同指导,2008年7月授予其博士学位。

9月,被中国化学会聘任为《无机化学学报》编委和顾问编委。

9月,被中国科学院兰州化学所聘任为羰基合成与选择氧化(OSSO)国家重点实验室第四届学术委员会委员。

10月9—12日,赴武汉出席第四届全国化学生物学学术会议暨国际化学与生物/医学交叉研讨会,担任学术委员会委员,并做题为 *Progress in the Interactions between Small Complex Molecules and Nucleic acid Macromolecules* 的大会特邀报告。

11月18—22日,出席在广州召开的第五届全国配位化学会议暨第八届全国生物无机化学会议，担任大会学术委员会主席。

11月，被宝钢教育基金理事会授予2005年度宝钢教育奖"优秀教师奖"。

12月15—20日，赴美国夏威夷出席太平洋地区国际化学大会，应邀做题为 Mechanism of Interaction of Functional Complexes with DNA and Their Biological Functions 的大会邀请报告。

12月，成立中山大学生物无机与合成化学教育部重点实验室，担任学术委员会委员。

与巢晖共同撰写的《钴配合物作为金属治疗药物和金属诊断药剂中的潜在药剂》(Cobalt Complexes as Potential Pharmaceutical Agents in Metallotherapeutic Drugs and Metal-based Diagnostic Agents) 编入 Marcel Gielen 和 Edward R. T. Tiekin 等主编的专著《医学中金属的用处》(The Use of Metal in Medicine) 中的一章，该书2005年由约翰·威利父子出版集团出版（第二作者）。

2006年

1月，主持国家自然科学基金（2006.1—2008.12）。

4月14日，在校各级领导精心安排下，在中山大学孙逸仙纪念医院由胸外科主任杨艳旗教授以及华平教授等医生对他成功实施体外心脏搭桥手术。

6月，在北京人民大会堂参加中国科学院第十三次院士大会。

7月13日，孙子计远帆出生。

9月1日，收录硕博连读研究生李吕莹，无机化学专业，与团队巢晖副教授共同指导，2011年7月授予其博士学位。

9月1日，收录硕士研究生魏远芳，无机化学专业，与团队高峰讲师共同指导，2008年7月授予其硕士学位。

10月23—27日，由广东省科协组织参加在粤工作院士赴湛江休养考察活动。

10月30日—11月3日，赴南京出席第三届亚洲生物无机化学会议，担任大会主席。

2007年

4月23日，被国家教委科技司聘为《高等学校化学学报》和

Chemical Research in Chinese Universities 第四届编委会编委和顾问编委。

6月19—23日，赴美国出席美国化学会第十五届国际学术交流会，应邀做题为 *Conformation Conversion and Stabilization of G-quadraplex by Dinuclear Ru（Ⅱ）Complex*［(bpy)$_2$Ru（obip）Ru（bpy)$_2$］$^{4+}$ 的报告。

7月15—20日，赴奥地利维也纳出席第十三次国际生物无机化学会议，并做题为 *DNA Interclation and Photocleavage of Uracil and Quanine Functionalized Polypyridyl Ruthenium（Ⅱ）Complexes* 的大会邀请报告。

8月9—13日，赴昆明出席第五届全国化学生物学学术会议，担任学术委员会委员，并做题为《钌配合物与DNA相互作用》的邀请报告。

8月，承担国家重点基础研究发展计划子课题，子课题名称：新型人工核酸酶（2007.8—2011.8）。

9月1日，收录硕士研究生孙倩，无机化学专业，与团队高峰讲师共同指导，2009年7月授予其硕士学位。

9月1日，收录硕士研究生王贻灿，无机化学专业，与团队巢晖副教授共同指导，2009年7月授予其硕士学位。

9月1日，收录博士研究生陈禹，化学生物学专业，与团队巢晖副教授共同指导，2010年7月授予其博士学位。

9月1日，收录博士研究生徐丽，无机化学专业，与团队巢晖教授共同指导，2010年7月授予其博士学位。

10月19—22日，赴广西桂林出席中国化学会第九届全国生物无机化学会议，担任学术委员会主席。

11月15日，荣获中山大学授予"杰出教师"称号，并获"桐山奖"。

2008年

6月，在北京人民大会堂参加中国科学院第十四次院士大会。

8月17—21日，赴美国费城出席第二百三十六届美国化学会全国年会，悼念导师巴索罗逝世一周年，应邀做题为 *Biological Func-*

tions of Mechanism of Interaction of Polypyridyl Ru（Ⅱ）Complexes for Duplex DNA and G-Quadraplex 的大会特邀报告。

9月1日，收录博士研究生裴令敏，无机化学专业，与团队巢晖教授共同指导，2011年7月授予其博士学位。

9月1日，收录硕博连读研究生陈星，无机化学专业，与团队高峰讲师共同指导，2013年授予其博士学位。

9月1日，收录硕士研究生王宇传，无机化学专业，与团队巢晖教授共同指导，2010年7月授予其硕士学位。

9月5日，受聘为中山大学生物无机与合成化学教育部重点实验室第二届学术委员会荣誉主任。

10月14日，受聘为南华大学兼职教授，参加南华大学五十周年校庆，并在校庆论坛上做题为《学科交叉方法研究生命过程中的几个化学问题》的学术报告。

10月28—29日，出席在香港中文大学召开的2008年化学生物学学术会议，担任会议主持人。

10月29—31日，参加由广东省科协组织的在粤工作院士赴梅州休养考察活动。

10月，在庆祝中国科学院兰州化学物理研究所成立五十周年大会做报告，题目为《钌（Ⅱ）多吡啶配合物分别和双螺旋DNA，四螺旋DNA相互作用的功能和机理》。

11月14日，第十次受聘为中山大学全校历届博士研究生政治理论课任课教授。自1999年开始，每年给研究生讲授现代科学技术革命和马克思主义（四节课），题目为《交叉学科的研究推动了化学学科发展。

12月15日，被中山大学老教授协会聘为第二届理事会顾问。

12月，担任国际刊物 Journal of Biological Inorganic Chemistry 编辑顾问委员会委员（2008—2009）。

2009 年

1月，主持国家自然科学基金，项目名称：端粒酶抑制剂：钌配合物与G-四链体DNA的相互作用研究（2009.1—2011.12）。

3月28日，受聘为广东省化学学会名誉理事长。

4月17—20日，赴河南新乡出席中国化学会第十届全国生物无机化学会议，担任学术委员会主席。

5月，被国家科学技术奖励办公室聘为2009年度国家科学技术奖评审委员。

9月1日，收录硕博连读研究生钱晨，无机化学专业，与团队巢晖教授共同指导，2014年授予其博士学位。

9月1日，收录硕士研究生孙静，无机化学专业，与团队巢晖教授共同指导，2011年7月授予其硕士学位。

9月1日，收录硕士研究生黄淑枚，无机化学专业，与团队巢晖教授共同指导，2011年7月授予其硕士学位。

9月25—28日，赴匈牙利德布勒森出席第十届国际应用生物无机化学会议，担任国际顾问委员会委员。

10月19—22日，参加由广东省科协组织的在粤工作院士赴江门休养考察活动。

11月14—15日，出席在广州召开的中国化学会第二届分子手性学术讨论会，担任学术委员会主任委员，并做题为《手性分子研究钌（Ⅱ）多吡啶配合物分别与双螺旋DNA和四螺旋DNA相互作用机理及其生物功能》的大会特邀报告。

2010年

1月25—28日，出席在海南召开的"仿生材料与器件"双清论坛（973项目）。

4月19日，受聘为中山大学芙兰奖评选委员会委员。

4月29日，被中国分析测试学会聘为《分析测试学报》第五届编委会顾问编委。

5月，被国家科学技术奖励办公室聘为2010年度国家科学技术评审委员会委员。

6月，在北京人民大会堂参加中国科学院第十五次院士大会。

7月，赴美国出席学术会议。

9月1日，收录硕士研究生贾海娜，无机化学专业，与团队巢晖教授共同指导，2012年7月授予其硕士学位。

9月1日，收录硕博连读研究生陈相，无机化学专业，与团队巢晖教授共同指导，2015年7月授予其博士学位。

9月1日，收录硕博连读研究生李观营，无机化学专业，与团队巢晖教授共同指导，2015年7月授予其博士学位，后其赴日本冲绳科学技术大学院大学继续深造。

9月，被中国化学会聘为《无机化学学报》编委和顾问编委。

9月，主编的《生物无机化学导论》（第三版）由科学出版社出版，2013年7月第四次印刷。

10月18—22日，参加由广东省科协组织的在粤工作院士赴珠海休养考察活动。

11月11日，被中山大学化学与化学工程学院聘为学院芙兰奖第一届评选委员会顾问。

11月23日，应南华大学邀请赴南华大学做题为《学科交叉研究方法，学术交流和科技合作，启迪和实施研究的创新思维》的报告。

2011年

4月15日，应中国科学院上海药物研究所的邀请做报告，题目为《钌（II）多吡啶配合物分别和双螺旋和四螺旋DNA相互作用及其生物功能》。

4月21—24日，赴浙江嘉兴参加2011南湖学术论坛——生物无机化学会议，并做题为《庆祝2011年国际化学年——化学创造未来，学科交叉研究方法，促进化学与其他学科发展》的大会报告。

5月18日，在中山大学中外优秀文化讲座为全校研究生讲课。

6月14—18日，赴美国奥尔巴尼出席美国化学会第十七届国际学术交流会。

8月26—29日，赴南京出席第七届全国化学生物学学术会议，担任学术委员会委员及大会报告主持人，并在大会院士论坛做题为《钌多吡啶配合物分别与双螺旋DNA和四螺旋DNA相互作用及其生物功能的研究》的报告。

9月1日，收录硕士研究生王忆，无机化学专业，与团队巢晖教授共同指导，2013年7月授予其硕士学位。

9月1日，收录硕士研究生邓丽分，无机化学专业，与团队巢晖教授共同指导，2013年7月授予其硕士学位。

9月1日，收录硕博连读研究生黄怀义，无机化学专业，与巢晖教授共同指导，2016年7月授予其博士学位，其在博士期间赴瑞士苏黎世大学做为期一年的国家公派生。2016年12月，黄怀义赴英国华威大学继续深造。

9月1日，收录博士研究生许文超，无机化学专业，与团队巢晖教授共同指导，2014年7月授予其博士学位。

9月16—19日，赴河北保定出席第十一届全国生物无机化学学术会议，担任学术委员会主席。

10月17—21日，参加由广东省科协组织的在粤工作院士赴韶关休养考察活动。

11月21日，在中山大学珠海校区通识讲座给入学新生做报告。

11月22日，受 Journal of Inorganic Biochemistry 主编道森（Dawson）教授邀请担任编辑顾问委员会委员。

11月，被中山大学关心下一代工作委员会授予"关心下一代工作先进个人"荣誉称号。

12月2—5日，赴西班牙巴塞罗那出席第十一届应用生物无机化学国际会议，担任国际顾问委员会委员，交接下届会议在中山大学举行，并做题为 Inhibition of DNA Transcription by DNA Interclative Polpyridyl Ruthenium（Ⅱ）Complexes 的邀请报告。

12月15日，应邀在华南理工大学名师大讲堂做题为《学科交叉方法研究科学前沿热点，培养创新人才》的报告。

2012年

1月，主持国家自然科学基金，项目名称：钌配合物对G-四链体DNA的生物功能及其对肿瘤相关基团表达调控之间规律（2012.1—2015.12）。

3月7日，应邀在中山大学南方学院做报告。

3月31日—4月1日，应邀在复旦大学和华东理工大学分别做报告，被华东理工大学聘为该校名誉教授。

3月，荣获广东省人民政府授予的广东省科学技术奖一等奖（第三完成人）。

4月19日，被中山大学化学与化学工程学院聘为学院芙兰奖第二届评选委员会顾问。

4月24日，赴深圳大学出席2012年生物无机化学前沿及战略研讨会，并做大会邀请报告。

4月26日，被中共宁波市鄞州区委、鄞州市人民政府聘为鄞州区经济社会发展顾问。

5月，受聘为广西壮族自治区主席院士顾问（聘期三年）。

6月，在北京人民大会堂参加中国科学院第十六次院士大会。

8月1日，受聘为中山大学惠州研究院高级顾问和中山大学精细化工研究院高级顾问（聘期三年）。

9月1日，收录硕士研究生赵蓉，无机化学专业，与团队巢晖教授共同指导，2014年7月授予其硕士学位。

9月1日，收录硕士研究生宋翠兰，无机化学专业，与团队巢晖教授共同指导，2014年7月授予其硕士学位。

9月1日，收录硕博连读研究生邱康强，无机化学专业，与团队巢晖教授共同指导，2017年7月授予其博士学位。

9月1日，收录博士研究生张平玉，无机化学专业，在团队巢晖教授的协助下共同指导，2014年7月授予其博士学位。

9月29日，受聘为中山大学生物无机与合成化学教育部重点实验室顾问委员会委员。

10月22—26日，参加由广东省科协组织的在粤工作院士赴揭阳休养考察活动。

11月5—8日，赴香港出席第六届亚洲生物无机化学会议，担任大会执行主席。

12月19日，荣获国家自然科学奖二等奖，项目名称：金属酶的化学模拟及其构效关系研究（第二完成人）。

应中国化学会邀请撰写的《生物无机化学》作为第四章部分内

容和《生物有机化学与化学生物学》作为第十六章部分内容编入为庆祝中国化学会成立八十周年，由姚建年主编的《高速发展的中国化学（1982—2012）》一书，该书于2012年4月由科学出版社出版。

2013 年

2月1日，参加在广东科学馆召开的、由省科协组织的2013年在粤工作院士专家迎春座谈会。

4月20日，来自广州等珠三角地区，以及香港、上海、厦门、湖南等地的学生和科技界精英以及广东省和中山大学科技部门领导70多人齐聚中山大学庆祝计亮年79岁生日，为其八十寿辰精心策划，并收到中国科学院院长、中国科学院学部主席团执行主席白春礼的贺信。

6月1日，受聘为中山大学校友总会第三届理事会名誉理事长（2013.6—2017.5）。

9月1日，收录硕博连读研究生欧阳乘，无机化学专业，与团队巢晖教授共同指导，2019年7月授予其博士学位。

9月1日，收录硕博连读研究生邹姗姗，无机化学专业，与团队巢晖教授共同指导，2019年7月授予其博士学位。

9月1日，收录博士研究生孙伶俐，无机化学专业，与团队巢晖教授共同指导，2016年7月授予其博士学位。

10月21—25日，参加由广东省科协组织的在粤工作院士赴河源休养考察活动。

10月25—27日，赴厦门出席香山科学第473次学术讨论会，并做题为《金属酶结构与功能模拟》的大会报告。

11月4日，孙女计晓帆出生。

11月25日，受聘为中山大学校友工作志愿者。

12月3—6日，出席在广州召开的第十二届国际应用生物无机化学研讨会，担任全国顾问委员会主席和国际顾问委员会委员、大会组委会主席。2004年诺贝尔化学奖获得者阿龙·西查诺瓦（Aaron Ciechanove）教授等做大会报告。

12月13—15日，出席在广州召开的广东省光学学会2013年学术交流大会暨粤港台光学界产学研合作交流大会，担任大会名誉主席，并做题为《光学方法研究金属酶结构、功能及其作用机制》的大会报告。

12月，参加中山大学生物无机化学研究团队承担的广东省团队项目"肿瘤靶向金属药物的创新研制与应用"的结题验收会议。

2014年

1月，获批国家重点基础研究发展计划项目（"973"计划），作为课题主要成员参加（2014.1—2018.8）。

4月9—11日，在由国家自然科学基金会化学部主办、中山大学和承办的第六届全国生物无机化学发展战略研讨会上，做大会主持人。《中国科学：化学》杂志为庆祝计亮年院士八十华诞出版了《生物无机化学》专刊。

4月29日，荣获广东省政府授予广东省科学技术突出贡献奖（个人荣誉），各大报纸、专刊纷纷报道该事迹，包括《中国科学报》（2014年5月5日）、《南方日报》（2014年4月30日）、《广州日报》（2014年4月30日）、《羊城晚报》（2014年4月30日）、《南方都市报》（2014年5月1日）、《广东科技》（2014年5月2日）、《看中国》（美国出版，2014年5月9日）、《中山大学学报》（2014年4月8日）等；中共中央政治局委员、广东省委胡春华书记为其颁奖。

6月9—13日，在北京人民大会堂参加中国科学院第十七次院士大会。

9月1日，收录硕士研究生曹剑骏，无机化学专业，与团队谭彩萍讲师共同指导，2016年7月授予其硕士学位。

10月20—24日，参加由广东省科协组织的在粤工作院士赴湛江休养考察活动。

11月1日，受聘为中山大学化学与化学工程学院校友会名誉会长。

11月11日，荣获广东省突出贡献奖奖金50万元，全部捐赠给化学与化学工程学院，设立"计亮年奖学金"。

11月，荣获中山大学芙兰奖（团队项目第二名）。

2015 年

1月，获批国家重点基础研究发展计划项目（"973"计划），作为课题主要成员参加，项目名称：靶向线粒体代谢的分子探测与过程调控——线粒体代谢相关重要无机小分子的靶向发光探针及其成像应用（2015.1—2019.8）。

2月5日，出席省科协组织的在广东科学馆召开的2015年在粤工作院士专家迎春座谈会。

3月28—30日，出席在广州召开的第一届广东院士高峰年会，并做大会报告。

4月20日，应邀在华中科技大学第234期"科学精神与实践"讲座，给研究生做题为《推动学科交叉，培养高端人才，迎接当今科学和技术面临的机遇和挑战》的报告。

4月26日，受聘为上海市化学品分析、风险评估与控制重点实验室第一届学术委员会副主任。

6月4日，访问母校山东大学，并在山东大学给学生做题为《回忆60年前母校的培养——探讨学生如何迎接当代科学和技术面临的机遇和挑战》的报告。

7月6日，出席2015年中山大学毕业典礼颁奖仪式，并执举"学位权杖"授予2015届博士生、硕士生学位证书。

7月20—24日，赴北京出席第十七届国际生物无机化学会议暨第十二届全国生物无机化学会议，担任大会执行主席，并致大会开幕词，作为全国顾问委员会主席之一主持大会。

9月1日，收录硕士研究生张晨，无机化学专业，与团队巢晖教授共同指导，2018年授予其硕士学位。

9月1日，收录硕博连读研究生熊凯，无机化学专业，与团队巢晖教授共同指导，2020年授予其博士学位。

9月26日，受聘为中山大学宁波校友会终身顾问。

10月9日，北京大学—中山大学双边研讨会：化学生物学前沿论坛，主持会议（广州）。

11月13—15日，参加在桂林召开的"生命过程及反应的无机化学基础学术研讨会"暨"973"项目"靶向线粒体代谢的分子探测与过程调控",担任会议学术委员会委员和课题组主要成员。

11月,荣获中山大学化学与化学工程学院2015年度芙兰突出贡献奖。

12月20日,赴东莞参加广东院士团队科技创新成果展(包括团队成果展览)。

12月,获中山大学化学与化学工程学院40周年服务奖。

2016年

1月,被中山大学关心下一代工作委员会授予"关心下一代工作先进工作者"称号。

2月15日,计亮年事迹被列入2015年度中山大学教育发展基金会大事记"梦想路上,感恩有你"。

3月21日,担任广州市科学技术协会第十届委员会顾问。

4月28—29日,出席上海市化学品分析、风险评估与控制重点实验室第二次学术会议,担任学术委员会副主任。

5月6—10日,赴北京参加第七届全国物理无机化学学术会议,担任大会执行主席。

5月21日,召开中山大学—华中科技大学化学双边研讨会:生物无机化学前沿论坛,主持会议(广州)。

5月24—28日,出席在深圳召开的广东院士联谊会高峰论坛。

5月29日—6月3日,在北京人民大会堂参加中国科学院第十八次院士大会。

6月1日,被中山大学教育发展与校友事务办公室授予2015年度中山大学校友工作与基金工作个人突出贡献奖。

10月8日,受聘为2016—2017年度河北省自然科学基金(生命学科)评委。

10月12—15日,赴上海参加第十三届全国生物无机化学学术会议,担任学术委员会顾问、大会执行主席之一,主持大会报告。

10月17—21日,参加由广东省科协组织的在粤工作院士赴汕尾休养考察活动。

10月28—30日，赴厦门参加"973"计划项目"团簇多级结构的构筑与功能调控"年度交流会议，为课题组主要成员。

11月4—6日，赴山东曲阜参加泰山学术论坛——生物无机化学与纳米材料专题，担任大会组委会主席，并做题为《多学科综合交叉方法，研究化学学科前沿热点，解决当今人类正面临着的生存危机》的大会邀请报告。

2017年

1月9—12日，参加中山大学第九届教职工代表大会暨第二十届工会委员代表大会。

2月24—26日，出席在中山大学珠海校区召开的中山大学春季工作会议。

5月12—14日，赴佛山出席第三届广东院士高峰年会。

5月19日，参加深圳市科技创新委员会授权、深圳大学承担的"微量元素硒钼铜的生物效应和生物信息学分析"科技成果项目鉴定会，担任鉴定委员会副主任委员。

5月22日，出席广州市人民政府和中国工程院联合在广州宾馆召开的广州创新发展建言、院士咨询座谈会。

5月23日，出席由广州市科创委在广东科技中心举行的科技活动节，应邀对广州市大学生做题为《推动学科交叉，培养高端创新新型人才，迎接当今科学和技术面临的机遇和挑战》的大会邀请报告。

5月26日，参加中山大学化学学院生物无机化学团队的2017年博士学位论文毕业答辩，指导的博士研究生为邱康强；参加学位答辩的有钟毅芳、薛珊珊、杨靖。

6月14日，邀请美国辉瑞（Pfizer）医药公司国际医学研究科（Internal Medicine Research Unit）主任吴志丹研究员（计亮年指导的硕士研究生，1990年7月毕业）回母校中山大学化学学院做学术报告。

6月27日，出席在中山大学南校园梁銶琚堂举行的2017年学位授予仪式，作为导师代表在主席台就座。

9月1日，收录硕士研究生林铭伟，无机化学专业，与团队巢晖教授共同指导。

9月1日，收录博士研究生李佳，无机化学专业，与团队巢晖教授共同指导。

9月23—26日，赴武汉出席第十届全国化学生物学大会，担任大会报告主持人。

10月16—21日，参加由广东省科协组织的在粤工作院士赴茂名休养考察活动。

10月31日—11月2日，赴嘉兴出席2017南湖学术论坛（生物无机化学前沿和发展战略论坛），主持大会和会议闭幕式，并做题为《对我国生物无机化学的进一步发展提出几点建议》的报告。

11月11日，出席在中山大学广州校区南校园丰盛堂召开的化学学院校庆会第二届第三次全体理事会议。

11月21—22日，参加在中山大学召开的"生物无机与合成化学教育部重点实验室"学术委员会会议和学科发展战略研讨会。

12月24—25日，赴南京参加由南京大学召开的国家重点基础研究发展计划"靶向线粒体代谢的分子探测与过程调控"2017年度会议暨"金属化学生物学前沿"研讨会。

2018年

1月10日，出席由广东省教科文卫工会组织的在广东工会大厦召开的部分劳动模范与工会主席座谈会。

1月18日，应何梁何利基金评审委员会邀请作为2018年度何梁何利基金科学与技术奖提名人。

3月28日，出席在广州保利世贸博览馆召开的《分析测试学报》第六届编委会会议，担任编委，任期四年。

3月31日—4月1日，参加在广州校区南校园召开的中山大学2018年春季工作会议。

4月10日，应邀在华南理工大学"南客学术论坛"为全校研究生做报告。

4月13—16日，赴山西太原出席由山西大学和太原理工大学承办的中国化学会第八届全国物理无机化学学术会议，担任大会顾问委员会主任，应邀做题为《推动化学与多学科交叉研究方法，迎接新时代物理无机化学面临的机遇和挑战》的报告。

4月19—22日，赴武汉出席在华中师范大学召开的中国化学会2018年中西部地区无机化学化工学术研讨会，担任大会学术委员会副主任，应邀做题为《推动无机化学与化工交叉，培养创新人才，迎接新时代面临的机遇和挑战》的大会报告。

4月22日，赴武汉出席在华中科技大学召开的2018华中科技大学—中山大学化学双边交流会"化学生物学前沿论坛"，主持会议开幕式，并做题为《树立科学诚信精神，培养科学和技术高端创新型人才》的邀请报告。

5月4日，应邀作为校友赴北京参加在北京大学邱德拔体育馆举行的建校120周年纪念大会。

5月5—8日，赴杭州参加中国化学会第三十一届学术年会，应邀在生物无机化学分会场主持闭幕式，并做会议总结发言，为墙报获得者颁奖。

5月10日，出席上海交通大学化学学科建立九十周年大会，应邀做题为《推动化学与多学科交叉研究方法，迎接新时代化学面临的机遇和挑战》的学术报告。

5月16日，出席广东省委组织部等在中共三大会址举办的"大手牵小手，不忘初心永远跟党走"结对共建活动。会后在广东实验中学给中学生做科普报告。

5月27日，参加在北京会议中心召开的广东院士联合会第二次会员大会。

5月28日—6月1日，参加在北京人民大会堂召开的中国科学院第十九次院士大会。

6月5日，应邀在暨南大学生命科学技术学院给师生做学术报告。

6月27日，出席在中山大学召开的2018年第三场学位授予仪式，以资深教授代表执掌中山大学"学位权杖"。

7月1日，应广西发展战略研究会会长袁道先院士邀请，赴广西出席广西发展战略研究会，被聘请担任"'孔雀西南飞'人才战略研究——以广西壮族自治区为例"研究课题组院士专家，聘期十年。

8月16—19日，在内蒙古呼伦贝尔召开的全国第十九届大环化学暨第十一届超分子化学学术讨论会，作为大会顾问委员会委员，应邀做大会报告。

9月2日，在中山大学珠海校区给化学工程系新生做学术讲座。

9月7日，为隆重庆祝我国第三十四个教师节，在由广州市教育局、广州市总工会主办，在中山纪念堂举行的"2018致敬'感动广州的教师'"大型文艺晚会上担任颁奖嘉宾，为获奖的十位"感动广州的教师"之一的李贤林老师颁奖，并发表感想，接受电视台采访。

9月20日，应天津理工大学化学系的邀请给师生做学术报告。

9月20—21日，赴天津参加由厦门大学谢素原教授主持的国家重点基础研究发展计划（973计划）"团簇多级结构的构筑与功能调控"结题会议，作为承担项目专家组成员参加。

9月28日，应中山大学化学学院的邀请给新入学的本科生和研究生做报告。

9月29日，由中山大学教育发展基金会主持，在中山大学化学学院召开的中山大学第五届芙兰奖评审会议，作为评委参加会议。

10月16日，应南华大学党委书记和校长的邀请，作为校友参加南华大学六十周年校庆，应邀做大会报告。

10月18—22日，赴南京出席在南京大学召开的中国化学会第十四届全国生物无机化学学术会议，担任大会学术委员会顾问委员，并主持大会报告。

10月，办理退休手续。

11月13日，出席中山大学教育发展基金会在中山大学怀士堂召开的第五届中山大学芙兰奖颁奖典礼，被邀请作为芙兰奖评选委员会评委。

11月16日，应中山大学研究生院与共青团中山大学委员会的邀请，在中山大学第九届"百川交汇"名师讲座给南校园全校文理各科研究生做报告。

11月30日，出席中国科学院学部在广州远洋宾馆召开的院士座谈会，会议的议题：《院士章程》修订征求意见；如何更好地营造风清气正的增选环境。

12月17—19日，出席在广州召开的国家重点基础研究发展计划（973计划）"靶向线粒体代谢的分子探测与过程调控"2018年度会议暨"金属化学生物学"研讨会，为课题第二完成人。

12月18日，应中国科学院院长白春礼院士的邀请担任2020年陈嘉庚科学奖候选项目和陈嘉庚青年科学奖候选人的推荐人。

12月19日，出席在中山大学广州校区南校园怀士堂举行的2018年中山大学教师荣休仪式，并在会上作为荣休教师代表发言。

2019年

1月4日，出席在广州越秀宾馆召开的2019年广州地区院士迎新春慰问座谈会。

1月9—14日，出席在中山大学梁銶琚堂召开的中山大学第九届职工代表大会暨第二十届工会会议大会第三次会议。

1月18日，应何梁何利基金评选委员会邀请作为2019年度何梁何利基金科学与技术奖提名人。

1月22日，出席广州市科协举办的"科技报国，筑梦新时代"2019年广州市科协年会暨特邀报告会。

1月23日，出席在广东科学馆召开、由广东省科协组织的在粤工作院士及高层次人才2019年度座谈会。

1月，应科技部基础研究管理中心的邀请参加2018年度"中国十大科技进展"和"世界十大科技进展"遴选活动终选工作。自2005年开始参加该工作。

2月8日，出席在中山大学化学学院召开的第五届教职工代表大会暨工会会员代表大会第四次会议。

3月6日，为化学类专业国家级精品课程，由中山大学和南开大学合作编写、龚孟镰主编的《无机化学》（上、下册，第二版，科学出版社出版）作序。

4月8日，出席在中山大学广州校区南校园格兰堂会议室召开的、中山大学党委组织部邀请的专项工作谈话。

4月19—21日，出席在中山大学珠海校区召开的中山大学春季工作会议。

4月22日，出席在中山大学广州校区南校园召开的全国劳模座谈会。

4月24日，浙江省院士专家工作站寄来生日贺信。

5月17日，与团队巢晖教授共同指导的博士研究生邹姗姗和欧阳乘毕业，无机化学专业，7月授予两位博士研究生博士学位。

6月24日，参加中山大学化学学院召开的2019年硕士、博士生毕业典礼暨学位授予仪式。

9月21—22日，赴深圳参加中山大学秋季工作会议。

9月27日，出席在广东科学馆召开的广东省科技界喜迎中华人民共和国成立七十周年座谈会。

10月14—18日，参加由广东省科协组织的在粤工作院士赴云浮休养考察活动。

10月，被中共中央、国务院、中央军委授予庆祝中华人民共和国成立七十周年纪念章。

11月9日，参加在中山大学化学学院召开的中山大学85级化学专业30周年座谈会。

11月16—18日，参加在中山大学召开的金属化学生物学前沿论坛暨花城科技论坛。

11月18—22日，作为大会名誉主席参加在广州市长隆国际会展中心召开的第十一届全国化学生物学学术会议。

11月21日，作为项目组专家参加在广州长隆国际会展中心召开的国家重点基础研究发展计划（973计划）"靶向线粒体代谢的分子探测与过程调控"会议。

11月30日—12月1日，赴天津参加在南开大学召开的百年南开配位化学学术研讨会暨纪念陈荣悌院士一百周年诞辰座谈会，应邀在大会上发言，主持陈荣悌院士的画展。

2020 年

1月6日，出席在中山大学广州校区南校园召开的中山大学第九届教职工代表大会暨第二十届工会会员代表大会第四次会议。

1月7日，出席在广东科学馆由广东院士联络中心主办的在粤工作院士及高层次人才2020年度迎新春座谈会。

1月12日，在中山大学离休处参加化学系退休干部党支部组织生活。

1月18日，应何梁何利基金评审委员会邀请作为2019年度何梁何利基金科学与技术奖提名人。

1月，应科技部基础研究管理中心邀请，参与"中国十大科技进展和2019年世界十大科技进展"评选活动，承担遴选活动终选工作。

3月3日，应中国科学院福建物质结构研究所曹荣所长和冯守华院士的邀请，担任《结构化学》（Chinese Jornal of Structurel Chemisery）中英文版（月刊）顾问编委（任期五年）。

5月12日，在中山大学退休处参加化学系退休干部党支部组织生活。

8月5—8日，应大会主席冯守华院士的邀请，在北京国际会议中心召开的中国化学会第十六届固体化学与无机合成学术会议上担任顾问委员会委员。

9月6日，出席广州市教育局、广州市总工会在广州广播电视台召开的"2020致谢感动广州的最美教师"文艺晚会，担任颁奖嘉宾。

9月12日，参加在中山大学广州校区南校园新体育馆召开的中山大学开学典礼。

10月19—23日，参加由广东省科协组织的在粤工作院士赴从化休养考察活动。

11月28—29日，出席在珠海召开的中山大学秋季工作会议。

附录二 计亮年主要论文目录

（1）计亮年，曹涤身，罗金莲，黄国勤. 镉-吡啶络合物. 科学通报，1965（4）：352-355.

（2）叶富华，计亮年，李培正. 锆英石中铪的化学分离与测定Ⅱ：用过氧化氢掩蔽锆，二甲酚橙分光光度法测定铪. 分析化学，1977，5（2）：92-96.

（3）计亮年，郑臣谋. 中和法测定煤油中的反式羟肟. 中山大学学报（自然科学版），1977（2）：87-90.

（4）计亮年. 反式羟肟类萃取剂与金属离子的络合常数. 化学学报，1978，36（1）：17-22.

（5）计亮年. 羟肟类萃取剂组成的定量测定. 化学学报，1978，36（2）：159-163.

（6）计亮年，等. 0-3045 铜萃取剂的动力协同萃取剂的研究. 重有色冶炼，1978（6）：28-37.

（7）计亮年，等. 渗透剂 T 作为 N-510 铜萃取剂的动力协萃剂的试验. 重有色冶炼，1978（6）：38-43.

（8）计亮年，等. 0-3045 中 OT 动力协萃的研究. 有色金属，1981（4）：36-41.

（9）计亮年，杨学强，黄锦汪. 钴镍萃取机理研究概况和萃取剂分子设计探讨. 有色金属，1982（5）：50-53.

（10）曾添贤，黄锦汪，计亮年. 羟肟类萃取剂——渗透剂 T 萃铜动力学研究. 中山大学学报（自然科学版），1982（3）：58-63.

（11）计亮年，杨学强，黄锦汪. 应用配位场理论研究 B-二酮类合钴（Ⅱ）络合物电子光谱能级和分子构型. 中山大学学报（自然科学版），1982（4）：8-14.

（12） Mark E. Rerek, Liangnian Ji and Fred Basolo. The Indenyl Ligand Effect on the Rate of Substitution Reactions of Rh (H-C_9H_7) $(CO)_2$ and Mn (H-C_9H_7) $(CO)_3$. Journal of the Chemical Society, Chemical Communications, 1983：1208-1209.

（13） 计亮年，杨学强，黄锦汪. 钴（Ⅱ）络合物氧化过程的研究. 中山大学学报（自然科学版），1983（1）：93-99.

（14） 计亮年，黄锦汪，杨学强，夏敬谋. B-二酮类合钴（Ⅱ）载氧体络合物载氧动力学的研究. 中山大学学报（自然科学版），1983（3）：43-50.

（15） Liangnian Ji, Mark E. Rerek and Fred Basolo. Kinetics and Mechanism of Substitution Reactions of Mn (H^5-C_9H_7) $(CO)_3$ and Mn ($H^5C_{13}H_9$) $(CO)_3$. Organometallics, 1984, 3（5）：740-745.

（16） Liangnian Ji, David L. Kershner, Mark E. Rerek and Fred Basolo. Syntheses and Carbon Monoxide Substitution Reactions of H^5-N-Heterocycle Manganese Tricarbonyls. Journal of Organometallic Chemistry, 1985, 296：83-94.

（17） 郑颖，曾添贤，计亮年. 细胞色素P-450模拟酶的合成及其用于常温常压下催化氧化苯为苯酚的研究. 无机化学学报，1988，4（4）：54-61.

（18） 杨惠英，计亮年，陈特强，余焕城. 发酵生产葡萄糖酸钙的控制. 工业微生物，1988（6）：9-14.

（19） 曾添贤，黄锦汪，陈特强，计亮年. 碘化四（4-三甲胺苯基）卟啉铁（Ⅲ）配合物的聚合及其轴向配位的研究. 化学学报，1989（47）：128-132.

（20） 计亮年，江涛. D-葡萄糖、D-果糖与硼的有机物形成配合物的稳定性研究. 无机化学学报，1989，5（4）：101-104.

（21） 计亮年，郑颖，莫庭焕. 生物工程在化学工业中的应用潜力和发展前景. 化工进展，1989（4）：18-22.

（22） 计亮年，莫庭焕. 生物工程中的若干化学问题. 化工进展，1989

(6): 19–23.

(23) L. N. Ji, M. Liu, S. H. Huang, G. Z. Hu, Z. Y. Zhou, L. L. Koh and A. K. Hsieh. Molecular Structure of Chloromeso-Tetra (3, 4, 5-Trimethoxyphenyl) Porphyrinato Iron (III)-A Model Compound of Cytochrome P-450 Active Site. Inorganica Chimica Acta, 1990, 174: 21–25.

(24) Liangnian Ji, Min Liu and An-Kong Hsieh. Syntheses and Characterization of Some Porphyrins and Metalloporphyrins. Inorganica Chimica Acta, 1990, 178: 59–65.

(25) Liangnian Ji, Nicolas A. Corfù and Helmut Sigel. Stability of Some Metal-Ion Complexes of Tubercidin (=7-Deazaadenosine) in Aqueous Solution. An O-Amino Group inhibits Complexation At N^1 of Purines!. Journal of the Chemical Society, Dalton Transactions, 1991: 1367–1375.

(26) Liangnian Ji, Min Liu, An-Kong Hsieh and T. S. Andy Hor. Metalloporphyrin-Catalyzed Hydroxylation of Cyclohexane with Molecular Oxygen. Journal of Molecular Catalysis, 1991, 70: 247–257.

(27) Baohui Ye, Tianxian Zeng, Liangnian Ji and Honghui Zhuang. The Synthesis and Crystal Structure of Cis-Bis (1, 10-Phenanthroline) Glycinecobalt (III). Chinese Chemical Letters, 1991, 2 (7): 529–530.

(28) 计亮年, 廖速波, 杨学强, 林的的. B-二酮合钴配合物在各种溶剂中与氧反应的热力学性质和动力学. 无机化学学报, 1991, 7 (1): 53–57.

(29) 计亮年, 刘敏, 谢安康. 各种金属卟啉催化环己烷的羟化作用. 无机化学学报, 1991, 7 (4): 419–423.

(30) 计亮年, 刘敏, 杨惠英, 曾添贤, 谢安康. 细胞色素P450模拟体系活化氧分子及其用于有机物加氧反应的研究进展. 化工进展, 1991 (3): 9–14.

(31) Helmut Sigel, Nicolas A. Corfù, Liangnian Ji and R. Bruce Martin.

on the Dichotomy of Metal Ion Binding in Adenosine Complexes. Comments on Inorganic Chemistry, 1992, 13 (1): 35-59.

(32) Yoshiaki Kinjo, Liangnian Ji, Nicolas A. Corfù and Helmut Sigel. Ambivalent Metal Ion Binding Properties of Cytidine in Aqueous Solution. Inorganic Chemistry, 1992, 31 (26): 5588-5596.

(33) Nicolas A. Corfù, Bin Song and Liangnian Ji. Metal Ion/Buffer Interactions. Stability of Binary and Ternary Metal Ion Complexes Containing the Anion of N, N-Bis (2-Hydroxyethyl)-Glycine (Bicine) and Adenosine 5'-Triphosphate (ATP). Inorganica Chimica Acta, 1992, 192: 243-251.

(34) 计亮年, 赵相如, 杨惠英. 微量元素对黑曲霉发酵柠檬酸的影响及甘蔗糖蜜的处理方法. 工业微生物, 1992 (2): 16-21.

(35) 计亮年, 王文雄, 计晴, 黄锦汪, Hsieh An-Kong. 不对称铁卟啉的合成及其模拟细胞色素 P450 对环己烷的羟化作用. 中山大学学报(自然科学版), 1992, 31 (1): 52-59.

(36) Liangnian Ji, Baohui Ye, Huiying Yang and Tianxian Zeng. Synthesis, Characterization and Cytotoxic Studies of Diimine Palladium (II) Complexes with Amino Acids and their Dithiocarbamate Derivatives. Journal of Inorganic Biochemistry, 1993, 51 (1): 428.

(37) Liangnian Ji, Nicolas A. Corfu and Helmut Sigel. Stability of Ternary Metal Ion Complexes Formed by Imidazole and the Anion of N, N-Bis (2-Hydroxyethyl) Glycine (Bicine). Observation of A Relatively High Stability of the Zn (Bicinate) (Imidazole)$^+$ Complex. Inorganica Chimica Acta, 1993, 206: 215-220.

(38) Baohui Ye, Tianxian Zeng, Ping Han and Liangnian Ji. Synthesis and Crystal Structure of Trans (N)-(1, 10-Phenanthroline)-Bis (DL-Alaninato)-Cobalt (III) Chloridetrihydrate. Chemical Research in Chinese Universities, 1993, 9 (3): 220-224.

(39) Bin Song, Jie Zhang, Fuhui Wu and Liangnian Ji. Study on the Stability and Stacking Interaction Effect of the Ternary M (II)

(ATP) and Pyridine-like Ligands. Chinese Chemical Letters, 1993, 4 (12): 1097 – 1100.

(40) 计亮年. 环境化学研究一些重要信息. 国际学术动态, 1993 (4): 56 – 57.

(41) Baohui Ye, Xiaoming Chen, Tianxian Zeng and Liangnian Ji. Syntheses, Crystal Structures and Spectroscopic Characterization of [Co(Phen)$_2$(Gly)]Cl$_2$·4H$_2$O and [Co(Phen)$_2$(H$_2$O)$_2$](NO$_3$)$_3$·2H$_2$O. Polyhedron, 1994, 13 (14): 2185 – 2191.

(42) 计亮年. 生物无机化学与相关学科交叉. 国际学术动态, 1994 (4): 78 – 80.

(43) Lei Wang, Jianzhong Wu, Guang Yang, Tianxian Zeng, Huiying Yang and Liangnian Ji. Synthesis, Characterization of Ruthenium (II) Polypyridine Complexes and Interaction with DNA. Journal of Inorganic Biochemistry, 1995, 59 (2): 174.

(44) Xiangdong Jiao, Zhanliang Liu, Hongshan He, Jinwang Huang and Liangnian Ji. Axial Coordination Mode of Novel Tailed Porphyrin Iron (III) Complexes and Iron (III) Porphyrin Dimers and their Properties to Activate Dioxygen. Journal of Inorganic Biochemistry, 1995, 59 (2): 492.

(45) Baohui Ye, Xiaoming Chen, Tianxian Zeng and Liangnian Ji. Syntheses, Spectra and Crystal Structures of Ruthenium (II) Complexes with Polypyridyl: [Ru(Bipy)$_2$(Phen)](Clo$_4$)$_2$·H$_2$O and [Ru(Bipy)$_2$(Me-Phen)](Clo$_4$)$_2$. Inorganica Chimica Acta, 1995, 240: 5 – 11.

(46) 焦向东, 黄锦汪, 计亮年. 尾式金属卟啉配合物的研究 IV: 含氮配体与尾式铁 (III) 卟啉轴向配位反应热力学及其配位模式. 化学学报, 1995, 53 (9): 861 – 866.

(47) Zhanliang Liu, Jinwang Huang and Liangnian Ji. The Preparation of Some Polystyrene-Supported Porphyrinatoiron (III) and their Catalysis in Hydroxylation of Cyclohexane with Molecular Oxygen. Journal

of Molecular Catalysis A: Chemical, 104, L193 – L196, 1996.

(48) Jinwang Huang, Zhanliang Liu, Xiurui Gao, Dian Yang, Xinyu Peng, Liangnian Ji. Hydroxylation of Cyclohexane Catalyzed by Iron (III) -Metal-Free Porphyrin Dimer with Molecular Oxygen: the Effect of the Steric Hindrance and the Intramolecular Interaction between the Two Porphyrin Rings. Journal of Molecular Catalysis A: Chemical, 1996, 111: 261 – 266.

(49) Arati Saha, Nityananda Saha, Liangnian Ji, Jing Zhao and Fridrich Gregáň, S. Ali A. Sajadi, Bin Song, Helmut Sigel. Stability of Metal Ion Comlexes Formed with Methyl Phosphate and Hydrogen Phosphate. Journal of Biological Inorganic Chemistry, 1996, 1: 231 – 238.

(50) Tongbu Lu, Xinyu Peng, Huiying Yang and Liangnian Ji. The Production of Glucose Oxidase Using the Waste Myceliums of Aspergillus Niger and the Effects of Metal Ions on the Activity of Glucose Oxidase. Enzyme and Microbical Technology, 1996, 19: 339 – 342.

(51) Lei Wang, Jianzhong Wu, Guang Yang, Tianxian Zeng and Liangnian Ji. Synthesis, Characterization and Interaction with DNA of Ruthenium (II) Mixed-Ligand Complexes Containing Pyridino [3, 2-F] [1, 7] Phenanthroline. Transition Metal Chemistry, 1996, 21: 487 – 490.

(52) Lei Wang, Xueyi Le and Liangnian Ji. Stacking between Pyrido (3, 2-F) (1, 7) Phenanthroline and Nucleic Bases. Polymers for Advanced Technologies, 1996, 7: 723 – 725.

(53) Jianzhong Wu, Lei Wang, Guang Yang and Liangnian Ji, Nikos Katsaros, Aglaia Koutsodimou. Crystal Structure Investigation of 2-Phenylimidazo [F] 1, 10-Phenanthroline. Crystal Research and Technology, 1996, 31 (7): 857 – 862.

(54) Zhanliang Liu, Jinwang Huang, Cailin Lao and Liangnian Ji. Hybrid Zinc (II) and Iron (III) Porphyrin Dimer: A New Model System of

Cytochrome P450 to Hydroxylate Cyclohexane. Chinese Chemical Letters, 1996, 7 (1): 55 –58.

(55) 鲁统部, 杨惠英, 计亮年. 葡萄糖氧化酶的提纯方法. 中国医药工业杂志, 1996, 27 (4): 185 –188.

(56) 计亮年. 第 7 届国际生物无机化学会议综述. 国际学术动态, 1996 (2): 81 –84.

(57) Jianzhong Wu, Baohui Ye, Lei Wang, Liangnian Ji, Jianying Zhou, Runhua Li and Zhongyuan Zhou. Bis (2, 2'-Bipyridine) Ruthenium (II) Complexes with Imidazo [4, 5-F] [1, 10] Phenanthroline Or 2-Phenylimidazo [4, 5-F] [1, 10] Phenanthroline. Journal of the Chemical Society, Dalton Transactions, 1997: 1395 –1401.

(58) X. F. He, X. Y. Le and L. N. Ji. Stability of Ternary Copper (II) Complexes Formed by Heteroaromatic N Base and A Biological Buffer (Bicine). Journal of Inorganic Biochemistry, 1997, 67 (1): 292.

(59) G. Yang, L. Wang and L. N. Ji. Binding of Novel Octahedral Metal Complexes to DNA. Journal of Inorganic Biochemistry, 1997, 67 (1): 289.

(60) Guang Yang, Jianzhong Wu, Lei Wang, Liangnian Ji and Xuan Tian. Study of the Interaction Between Novel Ruthenium (II) -Polypyridyl Complexes and Calf Thymus DNA. Journal of Inorganic Biochemistry, 1997: 141 –144.

(61) Jianzhong Wu, Lin Li, Tianxian Zeng, Liangnian Ji, Jianying Zhou, Ting Luo and Runhua Li. Synthesis, Characterization and Luminiscent DNA-Binding Study of A Series of Ruthenium Complexes Containing 2-Arylimidazo [F] 1, 10-Phenanthroline. Polyhedron, 1997, 16 (1): 103 –107.

(62) Qizhi Ren, Jinwang Huang, Zhanliang Liu, Guotian Luo and Liangnian Ji. The Effect of Conformation on the Catalytic Activity of Iron (III) -Metal-Free Porphyrin Dimers. S. Afr. J. Chem., 1997, 50 (4): 181 –183.

(63) Hongshan He, Jinwang Huang, Liangnian Ji. Studies of Tailed Metalloporphyrins VI. Synthesis, Characterization and Catalysis of Benzimidazole-Linked Iron (Ⅲ) Porphyrins. Transition Metal Chemistry, 1997, 22: 113-116.

(64) 杨光,吴建中,王雷,曾添贤,计亮年.钌多吡啶配合物的合成及与DNA作用研究.中山大学学报(自然科学版),1997,36(1): 45-49.

(65) Xiaofeng He, Lei Wang, Han Chen, Lin Xu and Liangnian Ji. Synthesis, Characterization and DNA Binding Study of Co (Ⅲ) Polypyridyl Mixed-Ligand Complexes. Polyhedron, 1998, 17 (18): 3161-3166.

(66) Haiyang Liu, Jinwang Huang, Xuan Tian, Xiangdong Jiao, Guotian Luo and Liangnian Ji. The Synthesis and Spectroscopic Characterization of Chiral Zinc (Ⅱ) Porphyrin Dimer Containing An Amino Acid Bridge: Model Complexes for the Induced Circular Dichroism of Porphyrin Protein Supramolecules. Inorganica Chimica Acta, 1998, 272: 295-299.

(67) Jianzhong Wu, Guang Yang, Sheng Chen, Liangnian Ji, Jianying Zhou and Yan Xu. Intercalation into Calf Thymus DNA of 2- (4-Arylphenyl) Imidazo [4, 5-F] [1, 10] Phenanthroline (Aryl =-Ome, -Nme$_2$ or-NO$_2$) in Its Bipyridyl Ruthenium (Ⅱ) Complex. Inorganica Chimica Acta, 1998, 283: 17-23.

(68) Tongbu Lu, Xinyu Peng, Yoshihisa Inoue, Mikio Ouchi, Kaibei Yu and Liangnian Ji. Synthesis and Crystal Structure of [Y (NO$_3$)$_3$ (OH$_2$)$_3$]. (Me$_2$-16-Crown-5). H$_2$O. J. Chem. Crystallogr., 1998, 28 (3): 197-201.

(69) Guang Yang, Liangnian Ji, Xiang-Ge Zhou and Zhongyuan Zhou. Synthesis and Crystal Structures of Ruthenium (Ⅱ) Complexes with Polypyridyl: [Ru (Bpy)$_2$ (AFO)] (Clo$_4$)$_2$ · H$_2$O and [Ru (Dmp)$_2$ (AFO)] (Clo$_4$)$_2$ · 1/2 DMF. 1/2 Mecn. Transition Metal

Chemistry, 1998, 23: 273 – 276.

(70) 杨惠英, 黄亚冰, 刘建忠, 计亮年. 短乳杆菌葡萄糖异构酶固定化的研究. 工业微生物, 1998, 28 (2): 15 – 19.

(71) 刘建忠, 杨惠英, 赵继伦, 翁丽萍, 计亮年. 模拟酶轴向配体激活过氧化氢酶的研究: 提高天然酶活性的新方法. 中山大学学报 (自然科学版), 1998, 37 (2): 125 – 127.

(72) 杨惠英, 李弘毅, 刘建忠, 鲁统部, 计亮年. 黑曲霉中提取葡萄糖氧化酶的探索: I. 葡萄糖氧化酶合成及其性质. 中山大学学报 (自然科学版), 1998, 37 (5): 49 – 52.

(73) Ya Xiong, Liangnian Ji. Synthesis, DNA-Binding and DNA-Mediated Luminescence Quenching of Ru (II) Polypyridine Complexes. Coord. Chem. Rev., 1999 (185 – 186): 711 – 733.

(74) Qixiong Zhen, Baohui Ye, Qianling Zhang, Jingang Liu, Hong Li, Liangnian Ji, Lei Wang. Synthesis, Characterization and the Effect of Ligand Planarity of $[Ru(Bpy)_2L]^{2+}$ on DNA Binding Affinity. Journal of Inorganic Biochemistry, 1999, 76: 47 – 53.

(75) Jingang Liu, Baohui Ye, Hong Li, Liangnian Ji, Ruihua Li, Jianying Zhou. Synthesis, Characterization and DNA-Binding Properties of Novel Dipyridophenazine Complex of Ruthenium (II): $[Ru(IP)_2DPPZ]^{2+}$. Journal of Inorganic Biochemistry, 1999, 73: 117 – 122.

(76) Jingang Liu, Baohui Ye, Hong Li, Qixiong Zhen, Jiangnian Ji, Yaohong Fu. Polypyridyl Ruthenium (II) Complexes Containing Intramolecular Hydrogen-Bond Ligand: Syntheses, Characterization and DNA-Binding Properties. Journal of Inorganic Biochemistry, 1999, 76: 265 – 271.

(77) Ya Xiong, Xiaofeng He, Xiaohua Zou, Jianzhong Wu, Xiao-ming Chen, Liangnian Ji, Runhua Li, Tianying Zhou and Kaibei Yu. Interaction of Polypridyl Ruthenium (II) Complexes Containing Non-Planar Ligands with DNA. Journal of the Chemical Society, Dalton

Transactions, 1999: 19 –23.

(78) Xiaohua Zou, Baohui Ye, Hong Li, Jingang Liu, Ya Xiong and Liangnian Ji. Mono-and Bi-Nuclear Ruthenium (II) Complexes Containing A New Asymmetric Ligand 3- (Pyrazin-2-Yl) -as-Triazino [5, 6-F] 1, 10-Phenanthroline (Synthesis, Characterization and DNA-Binding Properties. Journal of the Chemical Society, Dalton Transactions, 1999: 1423 –1428.

(79) Hui Chao, Runhua Li, Baohui Ye, Hong Li, Xiaolong Feng, Jiwen Cai, Jianying Zhou and Liangnian Ji. Syntheses, Characterization and Third Order Non-Linear Optical Properties of the Ruthenium (II) Complexes Containing 2-Phenylimidazo [4, 5-F] [1, 10] Phenanthroline Derivatives. Journal of the Chemical Society, Dalton Transactions, 1999: 3711 –3717.

(80) Jingang Liu, Baohui Ye, Hui Chao, Qixiong Zhen and Liangnian Ji. Luminescence Retrieval of [Ru (Bpy)$_2$ (HNOIP)]$^{2+}$: A Novel Molecular "Light Switch" for DNA. Chem. Lett. (Chemical Society of Japan), 1999: 1085 –1086.

(81) Qizhi Ren, Jinwang Huang, Xiaobin Peng and Liangnian Ji. Hydroxylation of Cyclohexane Catalyzed by Iron (III) -Iron (III) Porphyrin Dimers and DABCO with Molecular Oxygen: Evidence for the Conformation Effect of Porphyrin Dimers on the Catalytic Activity. Journal of Molecular Catalysis A: Chemical, 1999, 148: 9 –16.

(82) Hui Chao, Baohui Ye, Qianling Zhang and Liangnian Ji. A Luminescent Ph Sensor Based on A Diruthenium (II) Complex: 'off-on-off' Switching Via the Protonation/Deprotonation of An Imidazole-Containing Ligand. Inorg. Chem. Comm., 1999, 2: 338 –340.

(83) Xiaofeng He, Lasheng Long, Xueyi Le, Xiaoming Chen, Liangnian Ji, Zhongyuan Zhou. Solid and Solution Studies of Ternary Copper (II) Complexes Formed by Heteroaromatic N Bases and the

Anion of N, N, -Bis (2-Hydroxyethyl) Glycine (Bicine). Inorganica Chimica Acta, 1999, 285: 326 – 331.

(84) Xiaofeng He, Lasheng Long, Fuhai Wu, Xueyi Le, Xiaoming Chen, Liangnian Ji and Zhongyuan Zhou. The Ternary Metal Mixed Ligand Complexes Formed by Benzimidazole and N, N-Bis (2-Hydroxyethyl) Glycine. Sci. China (Series B), 1999, 42 (2): 185 – 194.

(85) 贺小凤, 龙腊生, 毋福海, 乐学义, 陈小明, 计亮年, 周忠远. 苯并咪唑和N, N-双（羟乙基）甘氨酸三元金属混配配合物的研究. 中国科学, 1999, 29 (5): 432 – 440.

(86) 彭小彬, 黄锦汪, 计亮年. 手性苏氨酸卟啉及其锌配合物的自聚集. 科学通报, 1999, 44 (21): 2277 – 2280.

(87) 彭小彬, 黄锦汪, 计亮年. 5 – (2 – 羧基苯基) – 10, 15, 20 – 三苯基卟啉对氨基酸酯的分子识别模型研究. 高等学校化学学报, 1999, 20 (1): 19 – 21.

(88) 任奇志, 黄锦汪, 林萃梧, 计亮年. 双卟啉化合物的构象平衡及 $\pi-\pi$ 作用研究. 高等学校化学学报, 1999, 20 (3): 333 – 338.

(89) 刘劲刚, 叶保辉, 计亮年, 田暄, 傅瑶红. Δ – 和 Λ – [Ru(Bpy)$_2$(HPIP)]$^{2+}$ 两种异构体对小牛胸腺 DNA 不同键合速度的 CD 光谱证明. 高等学校化学学报, 1999, 20 (4): 523 – 525.

(90) 甄启雄, 叶保辉, 刘劲刚, 计亮年, 王雷. 钌多吡啶配合物的合成及插入配体的位阻效应对键合 DNA 的影响. 高等学校化学学报, 1999, 20 (11): 1661 – 1666.

(91) Tongbu Lu, Xiaoyan Li, Liangnian Ji, Baohang Han, Yu Liu and Kaibei Yu. Crystal and Molecular Structure of An inclusion Complex of P-Tert-Butylcalix [6] Arene with Toluene. Chemical Research in Chinese Universities, 1999, 15 (1): 1 – 4.

(92) 任奇志, 黄锦汪, 刘展良, 计亮年. 单核铁双卟啉配合物的可见光谱及其构象. 光谱学与光谱分析, 1999, 19 (1): 38 – 40.

(93) 刘海洋, 黄锦汪, 雷衡毅, 曾春莲, 计亮年, 陈瑞耘. 尾式金属卟

啉配合物的研究 Ⅸ.苯丙氨酸基尾式卟啉及其锌配合物的合成和荧光性质.光谱学与光谱分析, 1999, 19 (2): 151 – 153.

(94) 彭小彬, 黄锦汪, 计亮年. 5 – (2 – 羧基苯基) – 10, 15, 20 – 三苯基卟啉 – 氨基酸酯之间的氢键 – Uv – Vis 和 ^{1}H – NMR 研究.光谱学与光谱分析, 1999, 19 (6): 884 – 885.

(95) Qizhi Ren, Jinwang Huang, Wenjie Mei and Liangnian Ji. Conformation Effect on Hydroxylation of Cyclohexane Catalyzed by Iron (Ⅲ) -Iron (Ⅲ) Porphyrin Dimer and DABCO with Molecular Oxygen. Journal of Molecular Catalysis (China), 1999: 13 (1): 64 – 66.

(96) 鲁统部, 彭新煜, 李晓燕, 计亮年.一类新型含氮冠醚的合成.中山大学学报 (自然科学版), 1999: 38 (2): 124 – 126.

(97) 刘建忠, 黄莹莹, 杨惠英, 翁丽萍, 计亮年.金属离子对过氧化氢酶的生物合成的影响.中山大学学报 (自然科学版), 1999: 38 (3): 123 – 124.

(98) 计亮年.配位化学的主攻方向.国际学术动态, 1999 (6): 58.

(99) Xiaobin Peng, Jinwang Huang and Liangnian Ji. The Self-Aggregation of Chiral Threonine-Linked Porphyrins and Their Zinc (Ⅱ) Complexes. Chinese Sci. Bull., 2000, 45 (5): 418 – 419.

(100) Qixiong Zhen, Qianling Zhang, Jingang Liu, Baohui Ye, Liangnian Ji, Lei Wang. Synthesis, Characterization and DNA Binding of Ruthenium (Ⅱ) Complxes Containing the Atatp Ligand. Journal of Inorganic Biochemistry, 2000, 78: 293 – 298.

(101) Hao Zhang, Jiwen Cai, Xiaolong Feng, Baohui Ye, Xiaoyuan Li and Liangnian Ji. A Novel μ_3-Cyano-Bridged Heterotrimetallic 2-D Coordination Polymer Constructed from Rectangular Grids. Journal of the Chemical Society, Dalton Transactions, 2000: 1687 – 1688.

(102) Shiping Yang, Xiaoming Chen and Liangnian Ji. Influence of the Counter Ions and Ligands on Structures of Silver (Ⅰ) Helicates with Di-Schiff Bases Containing Imidazole Groups. Journal of the

Chemical Society, Dalton Transactions, 2000: 2337 – 2343.

(103) Jiwen Cai, Xiaopeng Hu, Xiaolong Feng, Weiyan Shao, Liangnian Ji and Ivan Bernal. Synthesis, Structures and Crystalline Packing Features of [Co (Tren) (Amino Acidato-N, O)] $X_2 \cdot nh_2O$ ($X = ClO_4^-$, I^-). Eur. Journal Inorganic Chemistry, 2000: 2199 – 2205.

(104) Jinwang Huang, Weizhuang Huang, Wenjie Mei, Jie Liu, Shuguang Hu and Liangnian Ji. Hydroxylation of Cyclohexane Catalyzed by Porphyrinatoiron (Ⅲ) with Molecular Oxygen: the Effect of the Photochemical Stability of Porphyrinatoiron (Ⅲ) in Various Solvents. Journal of Molecular Catalysis A: Chemical, 2000, 156: 275 – 278.

(105) Jingang Liu, Baohui Ye, Qianling Zhang, Xiaohua Zou, Qixiong Zhen, Xuan Tian and Liangnian Ji. Enantiomeric Ruthenium (Ⅱ) Complexes Binding to DNA: Binding Modes and Enantioselectivity. Journal of Biological Inorganic Chemistry, 2000, 5: 119 – 128.

(106) Hui Chao, Baohui Ye, Hong Li, Runhua Li, Jianying Zhou and Liangnian Ji. Synthesis, Electrochemical and Spectroscopic Properties of Ruthenium (Ⅱ) Complexes Containing 1, 3-Bis ([1, 10] Phenanthroline- [5, 6-d] Imidazol-2-Yl) Benzene. Polyhedron, 2000, 19: 1975 – 1983.

(107) Xiaobin Peng, Jinwang Huang, Tao Li and Liangnian Ji. Molecular Recognition of Amino Acid Esters by Porphyrinatozinc (Ⅱ): Observation of A New Binding Mode. Inorganica Chimica Acta, 2000, 305: 111 – 117.

(108) Qixiong Zhen, Baohui Ye, Jingang Liu, Qianling Zhang, Liangnian Ji, Lei Wang. Synthesis, Characterization and DNA-Binding Properties of [Ru (Phen)$_2$taptp]$^{2+}$ and [Ru (Phen)$_2$dptatp]$^{2+}$. Inorganica Chimica Acta, 2000, 303: 141 – 147.

(109) Jingang Liu and Liangnian Ji. Kinetics and Mechanism of Binding

of Δ and Λ Coordination Compounds with Double Helical DNA. J. indian Chem. Soc., 2000, 77: 539-545.

(110) Xiaobin Peng, Jinwang Huang, Wenjie Mei and Liangnian Ji. Synthesis of Chiral Amino Acid-Linked Porphyrin Protein Supramolecular Complexes and Their Novel Induced Circular Dichroism. Synth. React. Inorg. Met-Org Chem., 2000, 30 (5): 791-802.

(111) Xiaopeng Hu, Jiwen Cai, Xiaolong Feng and Liangnian Ji. Structures and Crystallization Behavior of Cis-a- [Co (Trien) $(NO_2)_2$]· ClO_4 (I), Cis-b- [Co (Trien) $(NO_2)_2$] Br · $2H_2O$ (II) and Cis-B- [Co (Trien) $(NO_2)_2$]· ClO_3 (III). J. Chem. Crystallogr., 2000, 30 (1): 27-34.

(112) Hao Zhang, Jiwen Cai, Guang Yang, Genqiang Xue and Liangnian Ji. A Supramolecular Cadmium (II) Complex: (1, 10-Phenanthroline) - [Tris (2-Aminoethyl) Amine] Cadmium (II) Dinitrate Hydrate. Acta Cryst, 2000, 56: 562-563.

(113) Jie Liu, Xiaohua Zou, Qianling Zhang, Wenjie Mei, Jianzhong Liu and Liangnian Ji. Synthesis, Characterization and Antitumor Activity of A Series of Polypyridyl Complexes. Metal-Based Drugs, 2000, 7 (6): 343-348.

(114) 刘劲刚, 计亮年. 多吡啶钌配合物作为DNA结构探针的研究. 无机化学学报, 2000, 16 (2): 195-203.

(115) Liangnian Ji, Xianhua Zou and Jingang Liu. Shape-and Enantioselective Interaction of Ru (II) /Co (III) Polypyridyl Complexes with DNA. Coord. Chem. Rev., 2001, (216-217): 513-536.

(116) Jingang Liu, Qianling Zhang, Xianfa Shi and Liangnian Ji. Interaction of [Ru $(Dmp)_2$ (Dppz)]$^{2+}$ and [Ru $(Dmb)_2$ (Dppz)]$^{2+}$ with DNA: Effects of the Ancillary Ligands on the DNA-Binding Behaviors. Inorganic Chemistry, 2001, 40: 5045-5050.

(117) Xiaohua Zou, Hong Li, Guang Yang, Hong Deng, Jie Liu, Runhua Li, Qiangling Zhang, Ya Xiong and Liangnian Ji. Synthe-

sis, Characterization and Crystal Structure of A Functionalized Ruthenium (II) Polypyridyl Complex with Fused Triazinone as Ligand. Inorganic Chemistry, 2001, 40: 7091 – 7095.

(118) Qianling Zhang, Jingang Liu, Hui Chao, Genqiang Xue and Liangnian Ji. DNA-Binding and Photocleavage Studies of Cobalt (III) Polypy-ridyl Complexes: [Co (Phen)$_2$IP]$^{3+}$ and [Co (Phen)$_2$PIP]$^{3+}$. Journal of Inorganic Biochemistry, 2001, 83: 49 – 55.

(119) Qianling Zhang, Jingang Liu, Jie Liu, Genqiang Xue, Hong Li, Jianzhong Liu, Hui Zhou, Lianghu Qu and Liangnian Ji. DNA-Binding and Photocleavage Studies of Cobalt (III) Mixed-Polypyridyl Complexes Containing 2- (2-Chloro-5-Nitrophenyl) Imidazo [4, 5-F] [1, 10] Phenanthroline. Journal of Inorganic Biochemistry, 2001, 85: 291 – 296.

(120) Liangnian Ji, Qiangling Zhang, Xianhua Zou and Jingang Liu. Photoactivated Cleavage of DNA by Enantiomeric Ruthenium (II) Complexes. Journal of Inorganic Biochemistry, 2001, 86: 60.

(121) Hui Chao, Guang Yang, Genqiang Xue, Hong Li, Hao Zang, Ian D. Williams, Liangnian Ji, Xiaoming Chen and Xiaoyuan Li. Ruthenium (II) Complexes Containing Novel Asymmetric Tridentate Ligands: Synthesis, Structure, Electrochemical and Spectroscopic Properties. Journal of the Chemical Society, Dalton Transactions, 2001: 1326 – 1331.

(122) Hui Chao, Runhua Li, Caiwu Jiang, Hong Li, Liangnian Ji and Xiaoyuan Li. Mono-, Di-and Tetra-Nuclear Ruthenium (II) Complexes Containing 2, 2'-P-Phenylenebis (Imidazo [4, 5-F] Phenanthroline): Synthesis, Characterization and Third-Order Non-Linear Optical Properties. Journal of the Chemical Society, Dalton Transactions, 2001: 1920 – 1926.

(123) Xiaohua Zou, Baohui Ye, Hong Li, Qianling Zhang, Hui Chao, Jingang Liu, Liangnian Ji and Xiaoyuan Li. The Design of New

Molecular "Light Switches" for DNA. J. Biol. Inorganic Chemistry, 2001, 6: 143 – 150.

(124) Caiwu Jiang, Hui Chao, Runhua Li, Hong Li and Liangnian Ji. Syntheses, Characterization and Third-Order Nonlinear Optical Properties of Ruthenium (Ⅱ) Complexes Containing 2-Phenylimidazo-[4, 5-F] [1, 10] Phenanthroline and Extended Diimine Ligands. Polyhedron, 2001, 20: 2187 – 2193.

(125) Qianling Zhang, Jingang Liu, Hong Xu, Hong Li, Jianzhong Liu, Hui Zhou, Lianghu Qu and Liangnian Ji. Synthesis, Characterization and DNA-Binding Studies of Cobalt (Ⅲ) Polypyridyl Complexes. Polyhedron, 2001, 20: 3049 – 3055.

(126) J. Z. Liu, Y. Y. Huang, J. Liu, L. P. Weng and L. N. Ji. Effects of Metal Ions on Simultaneous Production of Glucose Oxidase and Catalase by Aspergillus Niger. Lett. Appl. Microbiol., 2001, 32 (1): 16 – 19.

(127) Hui Chao, Jingang Liu, Caiwu Jiang, Liangnian Ji, Xiaoyuan Li and Chuan-li Feng. Stereoisomerically Controlled Supramolecular Architectures: A New Strategy for the Construction of Enantio-and Diastereomerically Pure Multinuclear Ru^{ii} Complexes. Inorg. Chem. Commun., 2001, 4: 45 – 48.

(128) Xiaohua Zou, Jiwen Cai, Xiaolong Feng, Xiaopeng Hu, Guang Yang, Hao Zhang and Liangnian Ji. Crystal Structure of [Cu_4 $(Pytp)_2$ $(SO_4)_2$ $(H_2O)_{10}$] $(SO_4)_2$ $(4H_2O$. A Tetranuclear Copper (Ⅱ) Complex with A New Asymmetric Ligand, Pytp, as A Bridge. Transition Metal Chemistry, 2001, 26: 704 – 708.

(129) 计亮年, 张黔玲, 刘劲刚. 生物医药中 DNA 的结构, 构象, 作用机制及其生物功能的研究进展. 中国科学(B 辑), 2001, 31 (3): 193 – 204.

(130) Liangnian Ji, Qianling Zhang and Jingang Liu. DNA Structure, Binding Mechanism and Biology Funcions of Polypyridyl Complexes

in Biomedicine. Sci. China (Series B), 2001, 44 (3): 246 – 259.

(131) 计亮年,张黔玲,巢晖. 多吡啶配合物在大分子 DNA 中的功能及其应用前景. 科学通报, 2001, 46 (6): 451 – 460.

(132) Liangnian Ji, Qianling Zhang and Hui Chao. Function and Application of Polypyridyl Complexes in DNA. Chinese Sci. Bull., 2001, 46 (16): 1332 – 1337.

(133) Liangnian Ji and Jingang Liu. Polypyridyl Ruthenium Complexes Binding with Nucleic Acids. J. indian Chem. Soc., 2001, 78: 499 – 508.

(134) Jie Liu, Tixiang Zhang, Tongbu Lu, Lianghu Qu, Hui Zhou, Qianling Zhang and Liangnian Ji. DNA-Binding and Cleavage Studies of Macrocyclic Copper (II) Complexes. Journal of Inorganic Biochemistry, 2002, 91: 269 – 276.

(135) Hui Chao, Wenjie Mei, Qiwen Huang and Liangnian Ji. DNA Binding Studies of Ruthenium (II) Complexes Containing Asymmetric Tridentate Ligands. Journal of Inorganic Biochemistry, 2002, 92: 165 – 170.

(136) Jianzhong Liu, Haiyan Song, Liping Weng and Liangnian Ji. Increased Thermostability and Phenol Removal Efficiency by Chemical Modified Horseradish Peroxidase. Journal of Molecular Catalysis B: Enzymatic, 2002, 18: 225 – 232.

(137) Hao Zhang, Jiwen Cai, Xiaolong Feng, Haiyu Sang, Jianzhong Liu, Xiaoyuan Li and Liangnian Ji. Assembly Chemistry of A Cadmium (II) Complex with Cyanometalate Anions [Fe$(CN)_5NO]^{2-}$, [Pd$(CN)_4]^{2-}$ and [Pt$(CN)_6]^{2-}$. Polyhedron, 2002, 21: 721 – 728.

(138) Qianling Zhang, Jingang Liu, Jianzhong Liu, Hong Li, Yi Yang, Hong Xu, Hui Chao and Liangnian Ji. Effect of Intramolecular Hydrogen-Bond on the DNA-Binding and Photocleavage

Properties of Polypyridyl Cobalt (Ⅲ) Complexes. Inorganica Chimica Acta, 2002, 339: 34 - 40.

(139) Qianling Zhang, Hong Xu, Hong Li, Jie Liu, Jianzhong Liu and Liangnian Ji. Synthesis, DNA-Binding and Photocleavage Studies of Cobalt (Ⅲ) Mixed-Ligand Complexes. Transition Metal Chemistry, 2002, 27: 149 - 154.

(140) Caiwu Jiang, Hui Chao, Runhua Li, Hong Li and Liangnian Ji. Ruthenium (Ⅱ) Complexes of 2-Phenylimidazo [4, 5-F] [1, 10] Phenanthroline. Synthesis, Characterization and Third Order Nonlinear Optical Properties. Transition Metal Chemistry, 2002, 27: 520 - 525.

(141) Tao Li, Jinwang Huang, Li Ma and Liangnian Ji. Novel Complexes of 5- (4-Carboxyl) Phenylene-Methanaminophenyl-10, 15, 20-Triphenylporphyrin with Zinc (Ⅱ), Iron (Ⅲ), Manganese (Ⅲ) and Zinc (Ⅱ) Iron (Ⅲ), Zinc (Ⅱ) -Manganese (Ⅲ) Supramolecular Self-Assembly by Hydrogen Bonding. Transition Metal Chemistry, 2002, 27: 604 - 608.

(142) Jie Liu, Tongbu Lu, Hong Li, Qianling Zhang, Liangnian Ji, Ti-Xiang Zhang, Lianghu Qu, Hui Zhou. DNA-Binding and Cleavage Studies of A Dinuclear Copper (Ⅱ) Complex with A 26-Membered Hexaazamacrocycle. Transition Metal Chemistry, 2002, 27: 686 - 690.

(143) Jie Liu, Tongbu Lu, Hua Xiang, Zongwan Mao and Liangnian Ji. Synthesis and X-Ray Crystal Structures of one-Dimensional Coordination Polymers of Macrocyclic Copper (Ⅱ) and Nickel (Ⅱ) Comlexes. Cryst. Eng. Comm., 2002, 4 (12): 64 - 67.

(144) Hong Dang, Chunlong Chen, Hao Zhang, Chengyong Su and Liangnian Ji. 5, 6-Diphenyl-3- (Pyrazin-2-Yl) -1, 2, 4-Triazine. Acta Cryst, 2002, E58: O1321 - O1322.

(145) 计亮年，彭小斌，黄锦汪. 金属卟啉配合物模拟某些金属酶的研究进展. 自然科学进展, 2002, 12 (2): 120 – 129.

(146) Ji Liangnian, Peng Xiaobin and Huang Jinwang. Progress in Study on Metalloporphyrin Mimicking Metalloenzymes. Prog. Nat, Sci., 2002, 12 (5): 161 – 169.

(147) 刘建忠, 翁丽萍, 张黔玲, 计亮年. 黑曲霉过氧化氢酶发酵过程的数学模型. 工业微生物, 2002, 32 (3): 6 – 9.

(148) Hui Chao, Zhiren Qiu, Lirong Cai, Hao Zhang, Xiaoyuan Li, Kamsing Wong and Liangnian Ji. Mono-, Di-and Tetranuclear Ruthenium (Ⅱ) Complexes Containing 3- (Pyridin-2-Yl) -As-Triazino [5, 6-F] 1, 10-Phenanthroline: Synthesis, Characterization and Electrochemical and Photophysical Properties. Inorganic Chemistry, 2003, 42: 8823 – 8830.

(149) Liangnian Ji and Kangcheng Zheng. Studies of Electron Transfer between Metal Complexes and DNA by the DFT Method and Photochemistry. Journal of Inorganic Biochemistry, 2003, 96: 38.

(150) Hong Deng, Hong Xu, Yi Yang, Hong Li, Hui Zou, Lianghu Qu and Liangnian Ji. Synthesis, Characterization, DNA-Binding and Cleavage Studies of [Ru (Bpy)$_2$ (Actatp)]$^{2+}$ and [Ru (Phen)$_2$ (Actatp)]$^{2+}$ (Actatp = Acenaphthereno [1, 2-B] – 1, 4, 8, 9-Tetraazariphenylence). Journal of Inorganic Biochemistry, 2003, 97: 207 – 214.

(151) Caiwu Jiang, Hui Chao, Hong Li and Liangnian Ji. Syntheses, Characterization and DNA-Binding Studies of Ruthenium (Ⅱ) Terpyridine Complexes: [Ru (Tpy) (PHBI)]$^{2+}$ and [Ru (Tpy) (PHNI)]$^{2+}$. Journal of Inorganic Biochemistry, 2003, 93: 247 – 255.

(152) Jie Liu, Hao Zhang, Caihong Chen, Hong Deng, Tongbu Lu and Liangnian Ji. Interaction of Macrocyclic Copper (Ⅱ) Complexes with Calf Thymus DNA: Effects of the Side Chains of the Ligands on the DNA-Binding Behaviors. Dalton. Trans., 2003:

114 – 119.

(153) Hong Deng, Jiwen Cai, Hong Xu, Hao Zhang and Liangnian Ji. Ruthenium (II) Complexes Containing Asymmetric Ligand: Synthesis, Characterization, Crystal Structure and DNA-Binding. Dalton. Trans., 2003: 325 – 330.

(154) Wen J. Mei, Jie Liu, Kang C. Zheng, Li J. Lin, Hui Chao, An X. Li, Feng C. Yun and Liang N. Ji. Experimental and theoretical Study on DNA-Binding and Photocleavage Properties of Chiral Complexes Δ- and Λ- [Ru (Bpy)$_2$L] (L = O-Hpip, M-Hpip and P-Hpip). Dalton. Trans., 2003: 1352 – 1359.

(155) Hong Xu, Kangcheng Zheng, Yao Chen, Yizhi Li, Lijun Lin, Hong Li, Peixin Zhang and Liangnian Ji. Effects of Ligand Planarity on the Interaction of Polypyridyl Ru (II) Complexes with DNA. Dalton. Trans., 2003: 2260 – 2268.

(156) Hong Xu, Kangcheng Zheng, Hong Deng, Lijun Lin, Qianling Zhang and Liangnian Ji. Effects of the Ancillary Ligands of Polypyridyl Ruthenium (II) Complexes on the DNA-Binding Behaviors. New J. Chem., 2003, 27: 1255 – 1263.

(157) Kangcheng Zheng, Xuewen Liu, Hong Deng, Hui Chao, Fengcun Yun and Liangnian Ji. Theoretical and Experimental Studies on Electron Transfer among Complexes [M (Phen)$_3$]$^{2+}$ [M = Os (II), Ru (II), Co (III) and Zn (II)] Binding to DNA. J. Mol. Struc. (Theochem) (626), 2003: 295 – 304.

(158) Kang C. Zheng, Xue W. Liu, Ju P. Wang, Feng C. Yun, Liang N. Ji. DFT Studies on the Molecular Orbitals and Related Properties of [Ru (Phen)$_2$ (9, 9'-2R-Dpq)]$^{2+}$ (R = NH$_2$, OH, H and F). J. Mol. Struc. (Theochem), 2003, 637: 195 – 203.

(159) Caiwu Jiang, Hui Chao, Runhua Li, Hong Li and Liangnian Ji. Syntheses, Characterization and Third-Order Nonlinear Optical Properties of A Series of Ruthenium (II) Complexes Containing

2-Arylimidazo-[4, 5 – f][1, 10] Phenanthroline. J. Coord. Chem., 2003, 56 (2): 147 – 154.

(160) Haiyan Song, Jianzhong Liu, Yahong Xiong, Liping Weng, Liangnian Ji. Treatment of Aqueous Chlorophenol by Phthalic Anhydride-Modified Horseradish Peroxidase. Journal of Molecular Catalysis B: Enzymatic, 2003, 22: 37 – 44.

(161) Jianzhong Liu, Liping Weng, Qianling Zhang, Hong Xu and Liangnian Ji. Optimization of Glucose Oxidase Production by Aspergillus Niger in A Benchtop Bioreactor Using Response Surface Methodology. World J. Microb. Biot, 2003, 19: 317 – 323.

(162) Jianzhong Liu, Liping Weng, Qianling Zhang, Hong Xu and Liangnian Ji. A Mathematical Model for Gluconic Acid Fermentation by Aspergillus Niger. Biochem. Eng. J., 2003, 14: 137 – 141.

(163) Hong Xu, Hong Deng, Qianling Zhang, Yi Huang, Jianzhong Liu and Liangnian Ji. Synthesis and Spectroscopic RNA Binding Studies of [Ru (Phen)$_2$MHPIP]$^{2+}$. Inorg. Chem. Commun., 2003, 6: 766 – 768.

(164) Caiwu Jiang, Hui Chao, Xianlan Hong, Hong Li, Wenjie Mei, Liangnian Ji. Enantiopreferential DNA-Binding of A Novel Dinuclear Complex [(Bpy)$_2$Ru (Pdptb) Ru (Bpy)$_2$]$^{4+}$. Inorg. Chem. Commun., 2003, 6: 773 – 775.

(165) Jianzhong Liu, Qianling Zhang, Liping Weng and Liangnian Ji. Screening and Mutagenesis of Aspergillus Niger for the Improvement of Glucose-6-Phosphate Dehydrogenase Production. Appl. Biochem. Micro., 2003, 39 (5): 493 – 496.

(166) Wenjie Mei, Jie Liu, Hui Chao, Liangnian Ji, Anxing Li and Jianzhong Liu. DNA-Binding and Cleavage Studies of A Novel Porphyrin Ruthenium Mixed Complex [Mpytpp-Ru (Pip)$_2$Cl]$^+$. Transition Metal Chemistry, 2003, 28: 852 – 857.

(167) Tao Li, Jinwang Huang, Li Ma, Yongqing Zhang and Liangnian

Ji. A Carboxyl Porphyrin Zinc（Ⅱ）-Copper（Ⅱ）Supramolecular System with Fluorescence Strengthening Properties. Transition Metal Chemistry, 2003, 28: 288 – 291.

(168) Hong Deng, Yuepeng Cai, Hui Chao, Chunlong Chen, Caiwu Jiang, Chaoqiu Chen and Liangnian Ji. Synthesis Characterization and Crystal Structures of Lanthanide Phenoxyacetate Complexes with 1, 10-Phenanthroline. Chinese Chem. J., 2003, 21: 409 – 414.

(169) 熊亚红, 刘建忠, 王腾利, 计亮年. 黑曲霉产胞外核糖核酸酶的发酵条件的初步优化. 中山大学学报（自然科学版）, 42（增刊）, 2003（2）: 191 – 194.

(170) Hong Xu, Kangchem Zheng, Lijun Lin, Hong Li, Yuan Gao and Liangnian Ji. Effects of the Substitution Positions of Br Group in Intercalative Ligand on the DNA-Binding Behaviors of Ru（Ⅱ）Polypyridyl Complexes. Journal of Inorganic Biochemistry, 2004, 98: 87 – 97.

(171) Xiangli Wang, Hui Chao, Hong Li, Xianlan Hong, Yunjun Liu, Lifeng Tan, Liangnian Ji. DNA Interactions of Cobalt（Ⅲ）Mixed-Polypyridyl Complexes Containing Asymmetric Ligands. Journal of Inorganic Biochemistry, 2004, 98: 1143 – 1150.

(172) Xiangli Wang, Hui Chao, Hong Li, Xianlan Hong, Liangnian Ji, Xiaoyuan Li. Synthesis, Crystal Structure and DNA Cleavage Activities of Copper（Ⅱ）Complexes with Asymmetric Tridentate Ligands. Journal of Inorganic Biochemistry, 2004, 98: 423 – 429.

(173) Xianlan Hong, Hui Chao, Lijun Lin, Kangcheng Zheng, Hong Li, Xiangli Wang, Fengcun Yun and Liangnian Ji. Synthesis, Characterization and DNA-Binding Properties of the Ruthenium（Ⅱ）Complexes [Ru (Dipn) (Dptp)] $Clo_4)_2$ and [Ru (Dipn) (Pat)] $(Clo_4)_2$ (Dipn = N- (3-Aminpropyl) Propane-1, 3-Diamine. Dptp = 2- (5, 6-Diphenyl-1, 2, 4-Triazin-3-Yl) -1, 10-Phenanthroline. Pat = 9- (1, 10-Phenanthroline-2-

Yl) Acenaphtho [1, 2-E] [1, 2, 4] Triazine). Helv. Chim. Acta, 2004, 87: 1180 – 1193.

(174) Yunjun Liu, Hui Chao, Junhua Yao, Hong Li and Liangnian Ji. Synthesis, Characterization and DNA Interaction Studies of the Ruthenium (II) Complexes [Ru (Bpy)$_2$ (Ipbp)]$^{2+}$ and [Ru (Ipbp) (Phen)$_2$]$^{2+}$ (Ipbp = 3- (1H-Imidazo [4, 5-F] [1, 10] Phenanthrolin-2-Yl) -4H-1-Benzopyra-2-one. Bpy = 2, 2'-Bipyridine. Phen = 1, 10-Phenanthroline. Helv. Chim. Acta, 2004, 87: 3119 – 3130.

(175) Yahong Xiong, Jianzhong Liu, Haiyan Song, Liping Weng and Liangnian Ji. Selection of Biochemical Mutants of Aspergillus Niger with Enhanced Extracellular Ribonuclease Production. World J. Microb. Biot, 2004, 20: 203 – 206.

(176) 计亮年. 交叉学科研究推动了生物无机化学学科的发展. 世界科技研究与发展, 2004 (12): 1 – 6.

(177) Lifeng Tan, Hui Chao, Hong Li, Yunjun Liu, Bin Sun, Wei Wei and Liangnian Ji. Synthesis, Characterization, DNA-Binding and Photocleavage Studies of [Ru (Bpy)$_2$ (PPIP)]$^{2+}$ and [Ru (Phen)$_2$ (PPIP)]$^{2+}$. Journal of Inorganic Biochemistry, 2005, 99: 513 – 520.

(178) Yunjun Liu, Hui Chao, Lifeng Tan, Yixian Yuan, Wei Wei and Liangnian Ji. Interaction of Polypyridyl Ruthenium (II) Complex Containing Asymmetric Ligand with DNA. Journal of Inorganic Biochemistry, 2005, 99: 530 – 537.

(179) Xuewen Liu, Jun Li, Hong Li, Kangcheng Zheng, Hui Chao and Liangnian Ji. Synthesis, Characterization, DNA-Binding and Photocleavage of Complexes [Ru (Phen)$_2$ (6-OH-Dppz)]$^{2+}$ and [Ru (Phen)$_2$ (6-NO$_2$-Dppz)]$^{2+}$. Journal of Inorganic Biochemistry, 2005, 99: 2372 – 2380.

(180) Shuo Shi, Jie Liu, Jun Li, Kang C. Zheng, Cai P. Tan, Lan M.

Chen and Liang N. Ji. Electronic Effect of Different Positions of the-NO₂ Group on the DNA-Intercalator of Chiral Complexes [Ru(Bpy)₂L]²⁺ (L = O-Npip, M-Npip and P-Npip). Dalton. Trans., 2005: 2038 – 2046.

(181) Xue W. Liu, Jun Li, Hong Deng, Kang C. Zheng, Zong W. Mao and Liang N. Ji. Experimental and DFT Studies on the DNA-Binding Trend and Spectral Properties of Complexes [Ru(Bpy)₂L]²⁺ (L = Dmdpq, Dpq and Dcdpq). Inorganica Chimica Acta, 2005, 358: 3311 – 3319.

(182) Hong Deng, Jn Li, Kang C. Zheng, Yi Yang, Hui Chao, Liang N. Ji. Synthesis, Characterization, Structures and DNA-Binding Properties of Complexes [Ru(Bpy)₂(L)]²⁺ (L = Ptdb, Ptda and Ptdp) with Asymmetric Intercalative Ligands. Inorganica Chimica Acta, 2005, 358: 3430 – 3440.

(183) Shuo Shi, Jie Liu, Jun Li, Kangcheng Zheng, Xiaomei Huang, Caiping Tan, Lanmei Chen and Liangnian Ji. Synthesis, Characterization and DNA-Binding of Novel Chiral Complexes △- and Λ-[Ru(Bpy)₂L]²⁺ (L = O-Mopip and P-Mopip). Journal of Inorganic Biochemistry, 2006, 100: 385 – 395.

(184) Feng Gao, Hui Chao, Feng Zhou, Yixian Yuan, Bin Peng and Liangnian Ji. DNA Interactions of A Functionalized Ruthenium (Ⅱ) Mixed-Polypyridyl Complex [Ru(Bpy)₂ppd]²⁺. Journal of Inorganic Biochemistry, 2006, 100: 1487 – 1494.

(185) Jincan Chen, Lanmei Chen, Siyan Liao, Kangcheng Zheng and Liangnan Ji. A Theoretical Study on the Hydrolysis Process of the Antimetastatic Ruthenium (Ⅲ) Complex NAMI-A. J. Phys. Chem. B, 2007, 111 (27): 7862 – 7869.

(186) Jun Li, Jincan Chen, Liancai Xu, Kangcheng Zheng and Liangnian Ji. A DFT/TDDFT Study on the Structures, Trend in DNA-Binding and Spectral Properties of Molecular "Light Switch" Com-

plexes [Ru(Phen)$_2$(L)]$^{2+}$ (L = Dppz, Taptp, Phehat). Journal of Organometallic Chemistry, 2007, 692: 831 – 838.

(187) Feng Gao, Hui Chao, Jinquan Wang, Yixian Yuan, Bin Sun, Yuanfang Wei, Bin Peng and Liangnian Ji. Targeting Topoisomerase II with the Chiral DNA-intercalating Ruthenium (II) Polypyridyl Complexes. Journal of Biological Inorganic Chemistry, 2007, 12: 1015 – 1027.

(188) Feng Gao, Hui Chao, Feng Zhou, Bin Peng and Liangnian Ji. Ph Responsive "off-on-off" Luminescent Switch of A Novel Ruthenium (II) Complex [Ru(Bpy)$_2$(Pipiph$_2$)]$^{2+}$. Inorg. Chem. Commun., 2007, 10: 170 – 173.

(189) Shuo Shi, Caiping Tan, Jie Liu and Liangnian Ji. Conformation Conversion and Stabilization of G-Quadruplex by Dinuclear Ru^{II} Complex [(Bpy)$_2$Ru(Obip)Ru(Bpy)$_2$]$^{4+}$. J. Biomol. Struct. Dyn., 2007, 24 (6): 706.

(190) 巢晖,高峰,计亮年. 钌(II)多吡啶配合物与 DNA 相互作用研究. 化学进展, 2007, 19 (12): 5480 – 5841.

(191) Shuo Shi, Jie Liu, Tianming Yao, Xiaoting Geng, Lingfeng Jiang, Qingyuan Yang, Lin Cheng and Liangnian Ji. Promoting the Formation and Stabilization of G-Quadruplex by Dinuclear Ru^{II} Complex Ru$_2$ (Obip) L$_4$. Inorganic Chemistry, 2008, 47: 2910 – 2912.

(192) Feng Gao, Hui Chao, Feng Zhou, Xin Chen, Yuanfang Wei and Liangnian Ji. Synthesis, GC Selective DNA Binding and topoisomerase II inhibition Activities of Ruthenium (II) Polypyridyl Complex Containing 11-Aminopteridino [6,7-F] [1,10] Phenanthrolin-13 (12H)-one. Journal of Inorganic Biochemistry, 2008, 102: 1050 – 1059.

(193) Lanmei Chen, Jie Liu, Jincan Chen, Caiping Tan, Shuo Shi, Kangcheng Zheng and Liangnian Ji. Synthesis, Characterization, DNA-Binding and Spectral Properties of Complexes [Ru(L)$_4$

(Dppz)]$^{2+}$ (L = Im and Meim). Journal of Inorganic Biochemistry, 2008, 102: 330-341.

(194) Caiping Tan, Jie Liu, Hong Li, Wenjie Zheng, Shuo Shi, Lanmei Chen and Liangnian Ji. Differences in Structure, Physiological Stability, Electrochemistry, Cytotoxicity, DNA and Protein Binding Properties between Two Ru(Ⅲ) Complexes. Journal of Inorganic Biochemistry, 2008, 102: 347-358.

(195) Yixian Yuan, Yican Wang, Long Jiang, Feng Gao, Simin Liang, Chengyong Su, Hui Chao and Liangnian Ji. Synthesis, Characterization and DNA Binding Studies of Ruthenium(Ⅱ) Complexes with 2-Pyridyl-1H-Anthra[1, 2-D]Imidazole-6, 11-Dione. Aust. J. Chem., 2008, 61: 732-739.

(196) Huijuan Yu, Hui Chao, Long Jiang, Lvying Li, Shumei Huang and Liangnian Ji. Single Oxygen-Mediated DNA Photocleavage of A Di-Bithiazolyl Ruthenium(Ⅱ) Complex [Ru(Btz)$_2$(Dppz)]$^{2+}$. Inorg. Chem. Comm., 2008, 11: 553-556.

(197) Jincan Chen, Lanmei Chen, Liancai Xu, Kangcheng Zheng and Liangnian Ji. Binding to DNA Purine Base and Structure-Activity Relationship of A Series of Structurally Related Ru(Ⅱ) Antitumor Complexes: A Theoretical Study. J. Phy. Chem. B, 2008, 112: 9966-9974.

(198) Lanmei Chen, Jie Liu, Jincan Chen, Shuo Shi, Caiping Tan, Kangcheng Zheng and Liangnian Ji. Experimental and Theoretical Studies on the DNA-Binding and Spectral Properties of Water-Soluble Complex [Ru(Meim)$_4$(Dpq)]$^{2+}$. J. Mol. Struct., 2008, 881: 156-166.

(199) Huijie Shi, Yu Chen, Feng Gao, Huijuan Yu, Guanying Li, Hui Chao, Xianfa Shi and Liangnian Ji. Synthesis, DAN-Binding and DNA-Photocleavage Properties of Ruthenium(Ⅱ) Mixed-Polpyridyl Complex [Ru(Tbz)$_2$(Dppz)]$^{2+}$. J. Mol. Struct., 2008,

892: 485 – 489.

(200) 袁益娴, 陈禹, 王贻灿, 梁思敏, 巢晖, 计亮年. 手性双核钌(Ⅱ)配合物与 DNA 的相互作用研究. 无机化学学报, 2008, 24 (8): 1265 – 1271.

(201) Bin Sun, Jingxin Guan, Li Xu, Bole Yu, Long Jiang, Junfeng Kou, Li Wang, Xidong Ding, Hui Chao and Liangnian Ji. DNA Condensation Induced by Ruthenium (Ⅱ) Polypyridyl Complexes [Ru (Bpy)$_2$ (PIPSH)]$^{2+}$ and [Ru (Bpy)$_2$ (PIPNH)]$^{2+}$. Inorganic Chemistry, 2009, 48: 4637 – 4639.

(202) Feng Gao, Xing Chen, Jinquan Wang, Yu Chen, Hui Chao and Liangnian Ji. In Vitro Transcription Inhibition by Ruthenium (Ⅱ) Polypyridyl Complexes with Electropositive Ancillary Ligands. Inorganic Chemistry, 2009, 48: 5599 – 5601.

(203) Jincan Chen, Lanmei Chen, Siyan Liao, Kangcheng Zheng and Liangnian Ji. A Theoretical Study on the Hydrolysis Process of Two Keppler-Type Antitumor Complexes [Tzh] [Trans-Rucl$_4$ (Tz)$_2$] and [2-NH$_2$TzH] [Trans-Rucl$_4$ (2-NH$_2$Tz)$_2$]. Phys. Chem. Chem. Phys., 2009, 11: 3401 – 3410.

(204) 陈禹, 杜可杰, 巢晖, 计亮年. 钌配合物抗肿瘤研究新进展. 化学进展, 2009, 21 (5): 836 – 844.

(205) Bin Sun, Yuchuan Wang, Chen Qian, Jun Chu, Simin Liang, Hui Chao and Liangnian Ji. Synthesis, Characterization and DNA-Binding Studies of Chiral Ruthenium (Ⅱ) Complexes with 2- (5-Nitrofuran-2-Yl) -1H-Imidazo [4, 5-F] [1, 10] Phenanthroline. J. Mol. Struct., 2010, 963: 153 – 159.

(206) Yu Chen, Wenchao Xu, Junfeng Kou, Bole Yu, Xuhui Wei, Hui Chao and Liangnian Ji. Aggregation-induced Emission of Ruthenium (Ⅱ) Polypyridyl Complex [Ru (Bpy)$_2$ (Pzta)]$^{2+}$. Inorg. Chem. Commun., 2010, 13: 1140 – 1143.

(207) Li Xu, Guoliang Liao, Xiang Chen, Cunyuan Zhao, Hui Chao and

Liangnian Ji. Trinuclear Ru (Ⅱ) Polypyridyl Complexes as Human Telomeric Quadruplex DNA Stabilizers. Inorg. Chem. Commun., 2010, 13: 1050-1053.

(208) Yu Chen, Xu Zhou, Xuhui Wei, Bole Yu, Hui Chao and Liangnian Ji. Temperature Dependence of Dual Emission in Ruthenium (Ⅱ) Complexes Containing 3, 3'-Bi-1, 2, 4-Triazine Derivatives. Inorg. Chem. Commun., 2010, 13: 1018-1020.

(209) Caiping Tan, Sheng Hu, Jie Liu and Liangnian Ji. Synthesis, Characterization, Antiproliferative and Anti-Metastatic Properties of Two Rutheniume DMSO Complexes Containing 2, 2'-Biimidazole. Eur. J. Med. Chem., 2011, 46: 1555-1563.

(210) Jing Sun, Yan An, Li Zhang, Huoyan Chen, Yan Han, Yujia Wang, Zongwan Mao and Liangnian Ji. Studies on Synthesis, Characterization and G-Quadruplex Binding of Ru (Ⅱ) Complexes Containing Two Dppz Ligands. Journal of Inorganic Biochemistry, 2011, 105: 149-154.

(211) Lvying Li, Haina Jia, Huijuan Yu, Kejie Du, Qitian Lin, Kangqiang Qiu, Hui Chao and Liangnian Ji. Synthesis, Characte-rization and DNA-Binding Studies of Ruthenium Complexes [Ru (Tpy) (Ptn)]$^{2+}$ and Ru (Dmtpy) (Ptn)]$^{2+}$. Journal of Inorganic Biochemistry, 2012, 113: 31-39.

(212) Feng Gao, Xing Chen, Qian Sun, Jianing Cao, Jinqiang Lin, Qizhi Xian and Liangnian Ji. Boosting the Sensitivity of Ph Responsible Luminescent Switches of Polypyridyl Ruthenium (Ⅱ) Complexes by Structural Design. Inorg. Chem. Commun., 2012, 16: 25-27.

(213) Lingmin Pei, Qitian Lin, Hui Chao and Liangnian Ji. [Ru (Tpy) (H$_4$bbdip)]$^{2+}$ as An Anion-Selective Colorimetric Sensor. Inorg. Chem. Commun., 2012, 22: 90-92.

(214) Meng Zhao, Haibo Wang, Liangnian Ji and Zongwan Mao. In-

sights into Metalloenzyme Microenvironments: Biomimetic Metal Complexes with A Functional Second Coordination Sphere. Chem. Soc. Rev., 2013, 42: 8360 – 8375.

(215) Chen Qian, Jinquan Wang, Cuilan Song, Lili Wang, Liangnian Ji and Hui Chao. The Induction of Mitochondria-Mediated Apoptosis in Cancer Cells by Ruthenium (Ⅱ) Asymmetric Complexes. Metallomics, 2013, 5: 844 – 854.

(216) Xiang Chen, Jingheng Wu, Yingwei Lai, Rong Zhao, Hui Chao and Liangnian Ji. Targeting Telomeric G-Quadruplexes with the Ruthenium (Ⅱ) Complexes [Ru (Bpy)$_2$ (Ptpn)]$^{2+}$ and [Ru (Phen)$_2$ (Ptpn)]$_2$. Dalton Trans., 2013, 42: 4386 – 4397.

(217) Guanying Li, Jiangping Liu, Huaiyi Huang, Ya Wen, Hui Chao, Liangnian Ji. Colorimetric and Luminescent Dual-Signaling Responsive Probing of Thiols by A Ruthenium (Ⅱ) -Azo Complex. Journal of Inorganic Biochemistry, 2013, 121: 108 – 113.

(218) Guanying Li, Ruilin Guan, Liangnian Ji and Hui Chao. DNA Condensation Induced by Metal Complexes. Coord. Chem. Rev., 2014, 281: 100 – 113.

(219) Yuchuan Wang$^+$, Chen Qian$^+$ ($^+$ Equal Contributors), Zaili Peng, Xiaojuan Hou, Lili Wang, Hui Chao and Liangnian Ji. Dual topoisomerases I and Ⅱ Poisoning by Chiral Ru (Ⅱ) Complexes Containing 2-Thiophenylimidazo [4, 5-F] [1, 10] Phenanthroline Derivatives. Journal of Inorganic Biochemistry, 2014, 130: 15 – 27.

(220) Huaiyi Huang$^+$, Bole Yu$^+$ ($^+$ Equal Contributors), Pingyu Zhang, Juanjuan Huang, Yu Chen, Gilles Gasser, Liangnian Ji and Hui Chao. Highly Charged Ruthenium (Ⅱ) Polypyridyl Complexes as Lysosome-Localized Photosensitizers for Two-Photon Photodynamic Therapy, Angew. Chem. int. Ed., 2015, 54: 14049 – 14052.

(221) Pingyu Zhang, Huaiyi Huang, Juanjuan Huang, Hongmin Chen,

Jinquan Wang, Kangqiang Qiu, Donglei Zhao, Liangnian Ji and Hui Chao. Noncovalent Ruthenium (Ⅱ) Complexes-Single-Salled Carbon Nanotube Composites for Bimodal Photothermal and Photodynamic Therapy with Near-infrared Irradiation, ACS Appl. Mater. Interfaces, 2015, 7: 23278 – 23290.

(222) Guanying Li, Yu Chen, Jinquan Wang, Jingheng Wu, Gilles Gasser, Liangnian Ji and Hui Chao. Direct Imaging of Biological Sulfur Dioxide Derivatives in Vivo Using A Two-Photon Phosphorescent Probe, Biomaterials, 2015, 63: 128 – 136.

(223) Huaiyi Huang, Pingyu Zhang, Bole Yu, Chengzhi Jin, Liangnian Ji and Hui Chao. Synthesis, Characterization and Biological Evaluation of Mixed-Ligand Ruthenium (Ⅱ) Complexes for Photodynamic Therapy. Dalton Trans., 2015, 44: 17335 – 17345.

(224) Huaiyi Huang, Pingyu Zhang, Yu Chen, Liangnian Ji and Hui Chao. Labile Ruthenium (Ⅱ) Complexes with Extended Phenyl-Substituted Terpyridyl Ligands: Synthesis, Aquation and Anticancer Evaluation. Dalton Trans., 2015, 44: 15602 – 15610.

(225) 陈相, 巢晖, 计亮年. 靶向抑制拓扑异构酶和端粒酶的钌配合物研究进展. 无机化学学报, 2015, 31 (9): 1667 – 1677.

(226) Yu Chen[+], Ruilin Guan[+] ([+]Equal Contributors), Chen Zhang, Juanjuan Huang, Liangnian Ji and Hui Chao. Two-Photon Luminescent Metal Complexes for Bioimaging and Cancer Phototherapy. Coord. Chem. Rev., 2016, 310: 16 – 40.

(227) Huaiyi Huang, Pingyu Zhang, Kangqiang Qiu, Juanjuan Huang, Yu Chen, Liangnian Ji and Hui Chao. Mitochondrial Dynamics Tracking with Two-Photon Phosphorescent Terpyridyl Iridium (Ⅲ) Complexes. Sci. Rep., 2016: 20887.

(228) Chen Qian[+], Jingheng Wu[+] ([+]Equal Contributors), Liangnian Ji and Hui Chao. Topoisomerase Ⅱ A Poisoning and DNA Double-Strand Breaking by Chiral Ruthenium (Ⅱ) Complexes Containing

2-Furanyl-Imidazo［4，5-F］［1，10］Phenanthroline Derivatives. Dalton Trans., 2016, 45: 10546 – 10555.

(229) Leli Zeng, Pranav Gupta, Yanglu Chen, Enju Wang, Liangnian Ji, Hui Chao and Zhesheng Chen. The Development of Anticancer Ruthenium (Ⅱ) Complexes: from Single Molecule Compounds to Nanomaterials. Chem. Soc. Rev., 2017, 46: 5771 – 5804.

(230) Jiangping Liu, Chen Zhang, Thomas W. Rees, Libing Ke, Liangnian Ji and Hui Chao. Harnessing Ruthenium (Ⅱ) as Photodynamic Agents: Encouraging Advances in Cancer Therapy. Coord. Chem. Rev., 2018, 363: 17 – 28.

参考文献

[1] 全国高等学校一九五二年暑期招生录取新生名单 [N]. 解放日报，1952 – 09 – 29.

[2] 广东省化学会负责人陈永兆与计亮年本月中来港访问 [N]. 大公报，1982 – 03 – 14.

[3] 应香港化学学会邀请中山大学两位教授陈永兆计亮年来港 [N]. 大公报，1982 – 04 – 17.

[4] 继东，张晓. 谈成才之路，吐报国心身：老一辈科学家与广州高校学生欢聚 [N]. 羊城晚报，1986 – 05 – 07.

[5] 广东省科学技术进步奖评审委员会审定核准，216 项省级科学技术进步奖：计亮年等获得广东省科学技术进步奖 [N]. 南方日报，1986 – 10 – 28.

[6] 中山大学一九八七年度先进党支部、优秀共产党员事迹简介 [N]. 中山大学校报，1988 – 03 – 21.

[7] 计亮年，史启祯，等. 空气敏感化合物的操作 [M]. 兰州：兰州大学出版社，1990.

[8] 计亮年，莫庭焕，等. 生物无机化学导论 [M]. 广州：中山大学出版社，1992.

[9] 陈楚辉. 应用生物工程技术：生产葡萄糖酸钠取得成功 [N]. 中山大学校报（校友专刊），1993 – 04.

[10] 于微深处，绿里泛红：中大生物工程研究中心成立八年回顾与展望 [N]. 中山大学校报，1994 – 01 – 10.

[11] 计亮年获首届"孺子牛金球奖" [N]. 中山大学校报，1995 – 10 – 19.

[12] 国家教委公布第三届优秀教材评奖结果：我校获国家教委优秀教材奖11项[N].中山大学校报，1996-04-29.

[13] 李济才.我校获第三届国家教委优秀教材奖11项[N].中山大学校报，1996-07-上旬.

[14] 计亮年，黄锦汪.加强思想素质和业务素质的培养，造就合格的高层次专门人才[N].中山大学学报（庆祝研究生院建院十周年专刊），1996-07-01.

[15] 1996年度广东省科技进步奖、自然科学奖拟奖项目目录[N].南方日报，1996-09-07.

[16] 计亮年.Book of abstracts for fifth eurasia conference on chemical sciences[M].广州：中山大学出版社，1996.

[17] 计亮年教授等获国家级教学成果奖[N].中山大学校报，1997-06-03.

[18] 广东省劳动模范、先进工作者、模范集体、先进集体名单[N].广州日报，1997-09-27.

[19] 校史编审委员会.中南工学院40年（1959—1999）[Z].1999.

[20] 五·一劳模特刊：光荣榜：计亮年等[N].南方工报，2000-04-26.

[21] 2000年全国劳动模范和先进工作者名单[N].工人日报，2000-04-30.

[22] 天道酬劳：记计亮年教授获"全国先进工作者"殊荣[Z].中山大学，2000-05-15.

[23] 周红梅.计亮年：化学界的拔尖学者[N].南方工报，2000-05-24.

[24] 计亮年，黄锦汪，莫庭焕.生物无机化学导论[M].2版.广州：中山大学出版社，2001.

[25] 梅志清，吴爱芳.2003年中科院增选50名院士：中大计亮年教授翩然上榜[N].南方日报，2003-11-25.

[26] 邱瑞贤.中科院院士增选结果昨揭晓，中大计亮年教授当选今年广东唯一中科院院士：我坚持在一口井里弹石子[N].广州

日报，2003-11-25.

[27] 方夷敏，夏令.中科院新增院士58人，广东昨添中科院院士：计亮年：23年咬住一个方向［N］.新快报，2003-11-25.

[28] 2003年新当选中国科学院院士名单［N］.科学时报，2003-11-25.

[29] 肖海坤.治学如挖矿井要专且深［N］.南方都市报，2003-11-30.

[30] 何新凤.生科院举行庆祝计亮年教授当选中国科学院院士暨学术报告会［N］.中山大学校报，2004-01-04.

[31] 寄大希望于中山大学：黄华华省长春节来校慰问教职工并发表重要讲话［N］.中山大学校报，2004-02-23.

[32] 宁波籍著名人士简表（一）［N］.宁波日报，2004-08-01.

[33] 余文佑."诚信与成才"院士系列访谈：将不利的因素转化为成功的因子［N］.广东师范，2004-09-30.

[34] 刘杰.路标：责任、荣誉、国家：计亮年院士为化学院本科新生上课［N］.中山大学校报，2004-10-19.

[35] 李静.做人·做事·做学问：访中国科学院院士，中山大学化学与化学工程学院教授计亮年［J］.珠海特区报人才周刊，2005-01-06.

[36] 新闻中心.热爱科学从孩子抓起：中大附中2004年第四届科技节圆满落幕［N］.中山大学校报，2005-01-07.

[37] 谢振声.中科院院士计亮年［N］.新江北，2005-11-22.

[38] 高等教育：花大力气办好五邑大学［N］.广东科技报，2009-10-23.

[39] 计亮年，毛宗万，黄锦汪.生物无机化学导论［M］.3版.北京：科学出版社，2010.

[40] 林世宁，盛怡源.中科院院士计亮年谈学科交叉方法研究的重要性：多学科知识有助开拓思维［N］.羊城晚报，2012-03-16.

[41] 周静书.生物无机化学专家：计亮年［J］.鄞州院士风采，2012

(3).

[42] 陈怡.用学科交叉迎接新科技挑战：计亮年院士在上海倡导有人文底色的科学精神［N］.上海科技报，2013-04-03.

[43] 计亮年院士荣获2013年度广东省科学技术奖突出贡献奖［J］.化院通讯，2014（8）.

[44] 彭春君.挺直生命的脊梁，诠释化学人真本色［J］.中山大学学报，2014（4）.

[45] 雷雨，张茵，占荣，等.从皮革厂学徒到学科带头人［N］.南方日报，2014-04-30.

[46] 谢思佳，符信.广东表彰省科技奖单位个人［N］.广州日报，2014-04-30.

[47] 黄丽娜，叶青.八秩老院士：科学家也需要情商［N］.羊城晚报，2014-04-30.

[48] 贺蓓，冯宇锋.中科院院士、中大教授计亮年获广东省科学技术突出贡献奖，接受南都专访称：现在社会最大的危险，是大家太爱钱［N］.南方都市报，2014-05-01.

[49] 叶青，刘雷.计亮年院士：真实是做科研的第一步［N］.广东科技报，2014-05-02.

[50] 李洁尉.广东举行科学技术奖励大会［N］.中国科学报，2014-05-05.

[51] 中山大学2014届毕业典礼暨2014年学位授予仪式校友致辞［N］.中山大学校报，2014-08-20.

[52] 刘晓.卷舒开合任天真：何泽慧传［M］.北京：中国科学技术出版社，2014.

[53]《中国科学：化学》编辑委员会.前言：庆祝计亮年院士80华诞专刊［J］.中国科学，2014，10（4）.

[54] 王景峰，沈慧勇.往事流韵：中山大学孙逸仙纪念医院建院180周年纪念文集［M］.广州：广东教育出版社，2015.

后　记

我和计亮年院士是在 2000 年初相识的。

2000 年 2 月，我出任中山大学基因工程教育部重点实验室行政副主任，这个重点实验室和生命科学学院生物工程研究中心是合署办公的。计亮年老师曾经担任中山大学生物工程研究中心副主任，所以一直在曾宪梓堂北楼二楼留有一间办公室，和刘建忠教授合用。计老师时不时来一下这间办公室，一来二去我们就熟悉了。

2003 年，计老师当选为院士，我此时也已转任中山大学有害生物控制与资源利用国家重点实验室专职副主任。一年后，出任中山大学生命科学学院副院长，之后转任几个部门，工作始终忙似陀螺，与计院士交集不多，只是在参会见面、路途偶遇时打个招呼而已。记忆最深的一件事是在 2015 年暑期的一天，当时我带队在连州扶贫点慰问后勤集团定点贫困户，中午突然接到时任学校党委书记郑德涛教授的电话，交代我要解决好计亮年院士每天能买到馒头的事宜。院士因为身体原因，需要每天买几个馒头吃，但饭堂要排队，他经常买不到。这个问题反映到学校，领导很关心，直接指示我要落实好。我马上打电话向院士了解实际情况，并做了妥善安排。院士在电话中表示，还一直记得我。

2020 年 4 月 13 日，根据组织安排，我到中山大学化学学院担任党委书记。到岗后，我很快与计院士取得联系，听取院士对我工作的意见和建议。4 月 27 日上午 10 点，院士主动来到我的办公室，对一些工作事项做了交代和安排，其中一件就是出版传记的事宜。院士详细地介绍了这本书从构思到写作，再到早期编委会工作的来龙去脉，得到很多支持，也有些许波折，讲到最后，院士提了一个希望——我来出任这本书的主编。我毫不犹豫地答应了。

之所以爽快地答应计院士，一是因为与计院士已有多年的交谊，不能不答应；二是我认为这就是一项本职工作，我是一名党员干部，承接任务、做好工作是理所当然的；三是此前我已经编撰或主编出版了《常增书传》《邹鲁年谱》《蒲蛰龙传》《李宝健传》和《傅家瑞传》等多部著作，对于编写传记有许多心得体会，可谓轻车熟路，再写一本也不是难事。

对传记的编辑出版，院士十分重视，已经做了许多前期工作。在交给我主编之前，已经有了很好的基础，对于我这个主编来说，这是一件非常幸福的事。

接受任务后，我做了以下几项工作，感谢的话也在此一并说了。

一是与中山大学出版社联系出版事宜。工作得到王天琪社长的高度重视，我们数次商讨编辑、出版事宜。在吕肖剑同志担任责任编辑后，出版工作驶入快车道。吕编辑认真负责，就书籍的纸张、规格、印刷数量、出版合同签订等多项工作与我反复沟通、协商。特别感谢的是，因为出版资金有限，王天琪社长和嵇春霞副总编辑可谓是想尽办法，极力支持，以确保这本书能成功出版，感谢的话尽在心间。还有美编、校对等同事们的辛苦付出，在此均表诚挚谢意。

二是做好书稿组织、送审、校对等工作。我拿到这本书稿时，计院士已经写作和校对了40多稿，这让我内心充满敬意。我在整理了整本书稿后，对先生不可复制的人生奋斗路感叹不已。根据国家对出版方面的要求，出版社同仁及李心宇等编委对文字进行了钩稽考订和反复校对，以求规范化表述和力求消灭出版错误。

三是组建编委会。编委会集中了对本书出版做出贡献和付出辛苦的各路同事。巢晖教授、李心宇、翁丽萍、谭海燕、龙莉、陈禹、李颖等同事，尽心尽力、尽职尽责，发挥着独特的、不可替代的作用，让我感动不已。李心宇担当了执行副主编的角色，出色地完成了编辑任务。

同时，感谢中山大学陈盛荣博士前期多次与计院士沟通，为书稿提出了宝贵的修改意见。

还要感谢编委会之外的化学学院的同事、校友们,我们是将本书的出版作为化学学院文化建设工程来组织的。从这个角度来说,本书的出版得到了全院师生、校友的支持,尤其是学院党政班子的支持。

本书的编写、出版还得到了中国科协创新战略研究院的大力支持,非常感谢。

最后要感谢我的家人——爱人张海惠、大儿子冯博士、二儿子冯博乐。成书之时,正值大儿子冯博士高考之际。中国人从来都是将"金榜题名时"作为人生大事来看的,为人父母,我也一样,陪伴、付出、期待、煎熬、喜悦……好在大儿子极为争气,2021年7月24日,冯博士拿到了浙江大学录取通知书,出书、登科,可谓双喜临门。是日,写此后记,望其能以计院士为学习楷模。

冯 双

2021年7月24日于尚书房